Lydie Raisin

Coach à domicile

• MARABOUT •

Sommaire

Introduction

Ce petit guide n'a pas la prétention de remplacer un coach en chair et en os, mais il peut efficacement remplir le rôle de conseiller permanent durant tout votre entraînement. Les descriptions de chaque technique ne vous laisseront jamais indécise, afin d'éviter que vous ne réalisiez pas correctement un exercice.

Il est important que vous ayez l'impression d'avoir une sorte de coach amical qui vous encadre dans votre évolution physique. Cette méthode permet de ne pas perdre de temps et de ne pas se stresser à essayer de comprendre les différentes techniques: l'exercice doit être compris en quelques secondes.

Le souci premier de ce guide est donc de donner le maximum de précisions pour chaque technique sans que la lecture devienne ennuyeuse.

Ce guide est votre coach personnel. À l'aide de sa méthode très simple, **2 exercices quotidiens vous sont proposés dans les pages suivantes, 6 jours sur** 7, pour améliorer la région corporelle de votre choix (fessiers, ventre, etc.). **Temps maximal de réalisation: 8 minutes.**

La méthode

▲ **Le plus simple :** réaliser le programme hebdomadaire de votre choix et le répéter chaque semaine.

▲ **Pour changer :** au bout de deux mois de pratique : réaliser les variantes en les alternant à votre convenance.

▲ **Pour ne pas y passer plus de 8 minutes tout en exerçant deux régions du corps différentes :** alterner deux programmes une semaine sur deux (par exemple, le programme pour les fessiers avec celui pour le ventre).

▲ **Si vous avez un peu plus de temps :** réaliser deux ou trois programmes journaliers à la suite (par exemple, un programme pour les fessiers suivi d'un programme pour le ventre et d'un programme pour le dos et les bras – temps maximal pour trois programmes : 25 minutes).

▲ **Si vous n'aimez pas être encadrée :** composer votre propre programme journalier en prenant des exercices dans les différents programmes d'entraînement.

▲ **Attention**

- Un nombre de répétitions minimal d'exercices vous est conseillé, mais vous pouvez l'augmenter à votre convenance.
- Un récapitulatif de toutes les techniques de la semaine précède chaque chapitre afin de vous éviter de tourner les pages si vous désirez faire plus de deux exercices pour une même région corporelle.

Vous voyez : c'est très simple !

Pour un dos souple, tonique et… sans douleur

Impossible de ne pas penser qu'un jour, notre capital osseux sera moindre, que nos muscles seront moins durs et que nos articulations seront moins souples. Aussi, même si vous ne souffrez d'aucun inconfort dorsal, il importe de faire de la prévention le plus tôt possible.

La masse dorsale est une partie du corps très importante à entretenir et c'est à partir d'elle que s'élaborent la plupart des gestes usuels. Il importe simplement de pratiquer des techniques complémentaires entre elles et de ne pas s'exercer de façon anarchique, ce qui entraînerait le développement d'une certaine partie musculaire au détriment d'autres. Le programme qui vous est proposé ci-après vous permettra de conserver un dos en forme très longtemps car il tonifie et assouplit à la fois muscles et articulations.

Les techniques pour le dos conseillées dans ce guide ont été choisies spécialement pour celles qui ont un dos fragile à renforcer. Ces exercices ne peuvent occasionner, si l'on suit bien la description de réalisation, aucun trouble.

Toutes les techniques ci-après raffermissent et assouplissent également les bras.

Tous les coachs sont d'accord sur les 6 points suivants :

1 Il ne faut jamais faire de longues séries d'exercices pour les muscles abdominaux sans renforcer les muscles dorsaux en même temps, ceci afin de conserver la colonne vertébrale en parfait équilibre sans tension.

2 Il faut varier les techniques et les amplitudes gestuelles afin que les fibres musculaires sollicitées puissent répondre au mieux à tout type d'effort.

3 Il faut s'entraîner régulièrement, à l'instar des autres parties du corps, si l'on désire obtenir un résultat.

4 Vous ne pouvez jamais ressentir une quelconque douleur lors de la réalisation d'une technique. Si c'est le cas, soit vous souffrez d'une déformation marquée ne correspondant pas à l'exercice réalisé, soit vous pratiquez une technique de façon erronée (par exemple en oubliant de fléchir les jambes pour éviter toute cambrure lombaire).

5 Commencez toujours les premiers mouvements en douceur. N'augmentez l'amplitude gestuelle que progressivement.

6 Tous les mouvements doivent être faits sans à-coups, avec fermeté et en douceur.

7 Conservez la tête haute pendant toute la réalisation des techniques pour le dos.

Si vous désirez optimiser vos techniques, vous pouvez rentrer ou contracter le ventre pendant leur réalisation.

Récapitulatif de votre programme en 8 minutes maximum

Lundi

Exercice 1
Pour tonifier

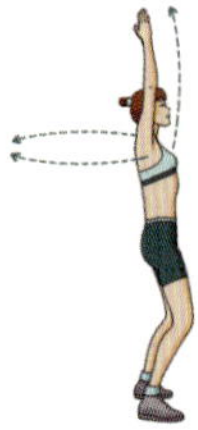

Exercice 2
Pour tonifier

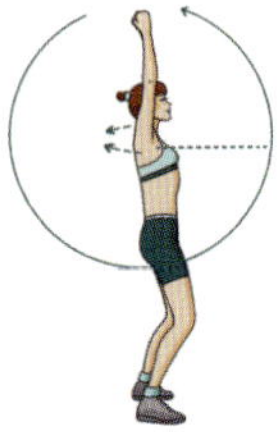

Exercice 3
Pour décontracter

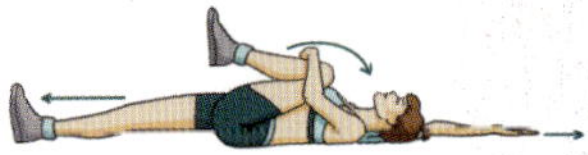

Mardi

Exercice 1
Pour tonifier

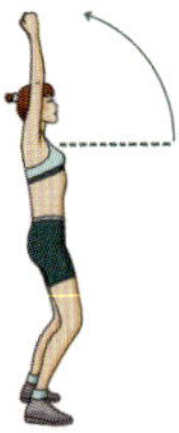

Exercice 2
Pour tonifier

Exercice 3
Pour décontracter

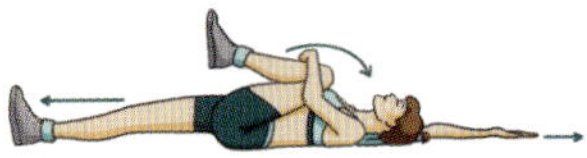

Mercredi

Exercice 1
Pour tonifier

Exercice 2
Pour tonifier

Exercice 3
Pour décontracter

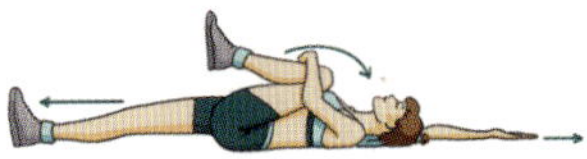

Voyez les détails dans les pages suivantes.

Récapitulatif de votre programme en 8 minutes maximum

Jeudi

Exercice 1
Pour tonifier

Exercice 2
Pour tonifier

Exercice 3
Pour décontracter

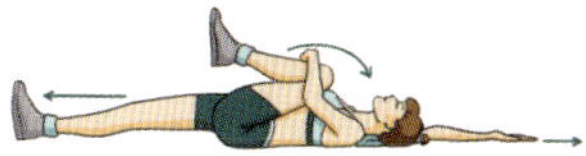

Vendredi

Exercice 1
Pour tonifier

Exercice 2
Pour tonifier

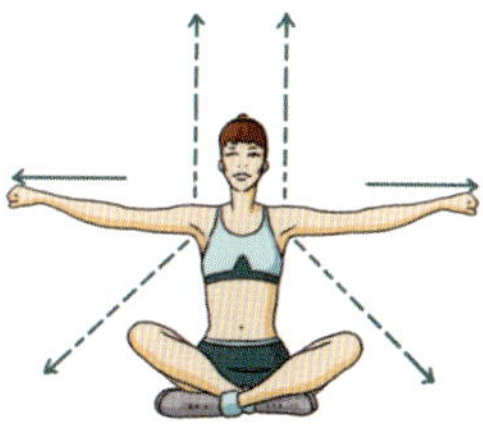

Exercice 3
Pour décontracter

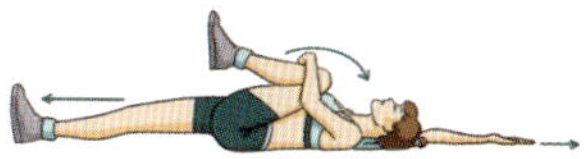

Samedi

Exercice 1
Pour tonifier

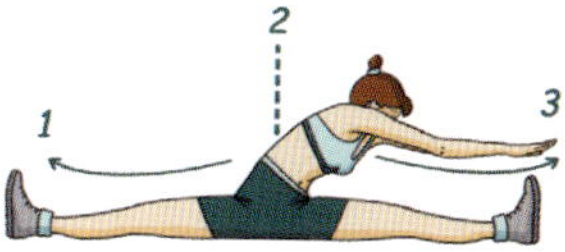

Exercice 2
Pour tonifier

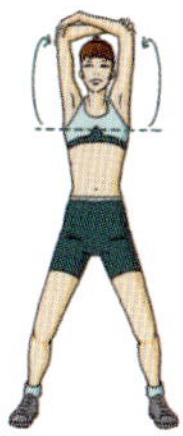

Exercice 3
Pour décontracter

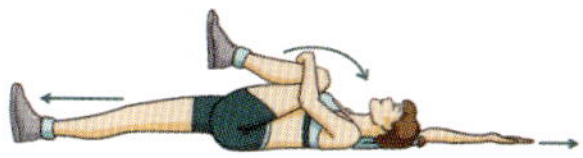

N'oubliez pas que rien ne vous empêche de doubler les séries d'exercices proposés si vous avez plus de temps. Bon courage.

Avant de commencer votre programme, lisez bien cette page !

Bien réaliser un exercice pour le dos, c'est tenir compte des précisions ci-dessous.

Consignes du coach :

- Étirez les épaules à la fois vers le haut et vers l'arrière.
- Conservez la tête levée.
- Ayez le dos très droit.
- Conservez la tête levée en permanence.
- Expirez toujours par la bouche sur l'effort, c'est-à-dire sur l'élévation des bras.
- Gardez les pieds parallèles.

Le point important :

- Ayez les jambes semi-fléchies en permanence pour réaliser tous les exercices debout afin d'éviter tous risques de courbure lombaire.

Exemple de réalisation d'une technique pour le dos en position debout

Action des bras (élévation, rotation…) pour un exercice type de base pour le dos.

Petit rappel

Le nombre de répétitions indiqué pour la réalisation des exercices est le minimum. N'hésitez pas à l'augmenter au fur et à mesure de votre entraînement.

Mincir sans effort

Les Françaises sont les plus nombreuses à acheter des crèmes amincissantes: elles détiennent le record européen. Pourtant, aucun produit miracle n'existe sur le marché.

• De nombreuses crèmes contiennent de la théophylline et de la caféine qui améliorent la fragmentation des graisses, ce qui peut faire légèrement diminuer les tissus gras. La réglisse, le marron d'Inde, le ginkgo, le lierre sont également des composants des crèmes amincissantes.

• Certaines femmes préfèrent avoir recours aux diurétiques. Des plantes comme la prêle, la reine-des-prés, le bouleau sont connues pour éliminer l'eau contenue dans les tissus. Il est important de ne boire leurs infusions que de façon ponctuelle.

• Quant à la Carnitine, bien connue des culturistes, elle a la réputation d'accélérer le processus d'élimination des graisses, mais les avis sont partagés. Les algues auraient elles aussi la même faculté. Elles sont de toute façon intéressantes en raison de l'iode, des vitamines et des minéraux qu'elles contiennent, mais leur action dans le domaine de l'amincissement reste à prouver.

Les crèmes amincissantes affermissent et adoucissent la peau. Pourquoi donc ne pas les utiliser?... Mais n'espérez pas qu'une cellulite ancienne (avec les adipocytes amassés sous forme de nodules) puisse être traitée avec ce type de produits.

Une des méthodes de prévention d'une légère cellulite:
- faire un gommage-massage localisé une fois par semaine,
- masser les régions concernées avec une crème anti-cellulite ou amincissante pendant dix minutes tous les soirs,
- et faire du sport régulièrement.

Les femmes et le tabac

C'est une amère constatation: l'abus de tabac chez les femmes provoque un essoufflement prématuré, une longue récupération à l'effort, une fatigue plus intense, mais aussi parfois: des règles trop abondantes, des cycles irréguliers, une fertilité menacée (après arrêt de la contraception, une consommatrice de 2 paquets journaliers est enceinte 16 mois plus tard contre 9 mois pour une non-fumeuse), la ménopause survient également plus vite. Les effets annonciateurs de l'ostéoporose sont réduits par l'absorption du tabac et les risques de fractures augmentent. On constate également un vieillissement cutané et une augmentation des risques de cancer du sein et de l'utérus.

De plus, l'association « tabac-pilule » crée trois fois plus de risques pour les coronaires et quatre fois plus d'accidents vasculaires cérébraux.

Quant à la femme enceinte, elle peut avoir un bébé de poids inférieur à la norme et atteint de fragilité pulmonaire. Les spécialistes ont également parfois constaté des saignements et une augmentation des grossesses extra-utérines, des fausses couches et des accouchements prématurés. Le fœtus peut être exposé à souffrir pendant la grossesse ou au moment de la naissance par insuffisance d'oxygénation.

Chaque année, le tabac est responsable de 60 000 décès en France (dont plus de 5 000 décès par tabagisme passif) et de 4 millions de morts dans le monde!

Programme du lundi

Cet exercice tonifie et assouplit l'ensemble de la masse dorsale et les articulations des épaules.

Consignes du coach :

- **Tête levée.**
- **Bras le plus tendus possible.**
- **Dos droit.**
- **Jambes semi-fléchies.**
- **Pieds parallèles.**

Le point important :

- **Étirez les épaules au maximum vers l'arrière lorsque les mains se touchent dans le dos.**

POUR S'AMUSER :
L'ostéoporose engendre :
A une diminution et une fragilité de la masse osseuse
B une infection osseuse
C une détérioration osseuse et articulaire

Réponse : A

Exercice 1

Faire se toucher en alternance les mains derrière le dos et en haut

Attention, ne consommez pas trop de vitamines

L'excès en tout étant néfaste, l'hypervitaminose n'y fait pas exception.
Aux États-Unis, 10 % des hommes âgés consomment trop de vitamines B, C et D.
En ce qui concerne les femmes, elles ont plutôt tendance à optimiser leurs besoins en fer et en thiamine.
Mais il est certain qu'après un certain âge, il est essentiel de ne pas avoir de carence en vitamine C pour avoir une bonne espérance de vie, et d'avoir un bon apport en vitamine A et B6 pour préserver toute déficience du système immunitaire.

Description :

Faites se toucher les paumes derrière vous et au-dessus de la tête en alternance.

Conseils du coach :

- Préférez que les mains ne se touchent pas, plutôt que de fléchir les bras.
- Veillez également à étirer les épaules vers l'arrière lorsque les bras sont élevés et à les abaisser (sans bouger l'ensemble du dos) lorsqu'ils sont en bas.

Répétitions :

Faites 2 séries de 20 touchés des mains alternés.

Respiration :

Inspirez par le nez lors du changement de position des bras et expirez par la bouche lorsque les mains se touchent.

Rythme :

Travaillez à votre rythme.

Malheureusement, trop de vitamine C peut engendrer un dysfonctionnement intestinal ou des calculs rénaux. Un excès de vitamine A peut intoxiquer les globules blancs et le foie. Quant à une surdose de vitamine D, elle peut entraîner une trop grande concentration de calcium dans le sang avec des conséquences néfastes pour le système nerveux et les reins. On sait aussi que consommer trop de vitamine B6 peut provoquer des polynévrites (atteinte bilatérale et symétrique de plusieurs nerfs, de nature inflammatoire ou non).

La sagesse conseille d'avoir simplement une alimentation équilibrée qui pallie tout déséquilibre de vitamines et de n'en consommer en supplémentation qu'après avoir pris conseil auprès de son médecin traitant.

Afin de changer un peu :

• Variante 1 :
Joindre 2 fois les mains derrière le dos et 2 fois vers le haut en alternance.
Faites 2 séries de 20 touchés alternés.

• Variante 2 :
Joindre 2 fois les mains derrière le dos avec les bras fléchis et 2 fois vers le haut avec les bras tendus.
Faites 2 séries de 20 touchés alternés.
Décontractez-vous complètement pendant une vingtaine de secondes avant d'enchaîner la seconde technique.

Programme du lundi

Cet exercice tonifie et assouplit à la fois le haut du dos, les épaules et les bras.

Consignes du coach :

- **Tête levée.**
- **Dos droit.**
- **Bras tendus.**
- **Poings serrés.**
- **Jambes semi-fléchies.**
- **Pieds parallèles.**

Le point important :

- **Les bras passent tout près des oreilles.**

POUR S'AMUSER :
Qu'est-ce que la sarcopénie ?
A une sorte de dermatose
B la fonte musculaire
C une dégénérescence des articulations

Réponse : B

Exercice 2

Cercles arrière des bras tendus avec un arrêt des bras à l'horizontale

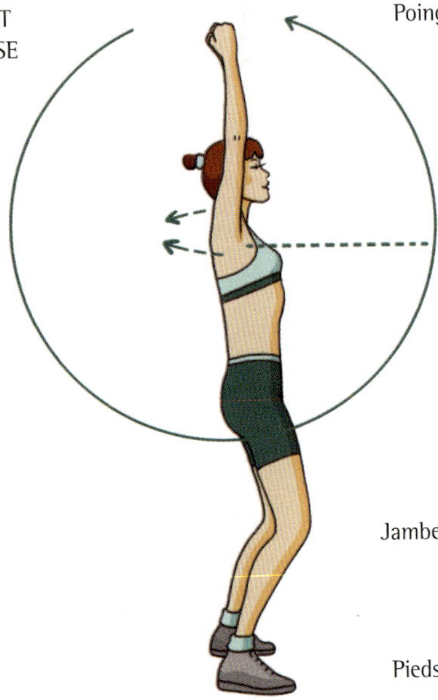

Évitez de faire une séance de culture physique juste après un repas !

On ne se sent généralement pas très disposé à bouger après un repas. Si vous ne pouvez changer votre emploi du temps et que vous êtes obligée de faire du sport après vous être nourrie, afin de ne pas avoir le ventre gonflé en sortant de table, veillez à :
- diminuer les aliments riches en sucre,
- consommer en quantité raisonnable yaourts, fromages…,
- ne pas boire d'eau gazeuse (surtout en mangeant),
- ne pas mâcher du chewing-gum (qui conduit à avaler de l'air),
- bien mâcher les aliments,
- ne jamais fumer en mangeant, surtout en avalant la fumée (qui fait se dilater l'estomac).

Programme du lundi

Description :

Réalisez de grands cercles arrière des bras tendus avec un arrêt de 3 secondes à l'horizontale.

Conseils du coach :

• Étirez bien les épaules vers l'arrière, afin d'effectuer des cercles de la plus grande amplitude possible.
• Il importe de maintenir en permanence un rythme de travail lent, afin de percevoir encore mieux la sensation d'étirement.

Répétitions :

Faites 2 séries de 20 répétitions.

Respiration :

Inspirez par le nez en redescendant les bras. Expirez par la bouche en les montant.

Rythme :

Travaillez sur un rythme lent.

La plupart des malaises abdominaux qui surviennent après un repas sont des flatulences abdominales constituées de gaz intestinaux issus de l'air ingéré et de divers gaz provenant de la transformation des aliments dans les organes. Certains aliments favorisent la production de gaz. Ainsi, les haricots, les choux, les avocats, les salsifis, le son, le pain tout frais… créent souvent des ballonnements désagréables.
Il importe donc, si vous désirez faire des séances de culture physique dans les meilleures conditions, d'attendre 3 heures après les repas avant de les réaliser ou de vous alimenter en tenant compte des indications précédentes.

Par ailleurs, la pratique régulière d'exercices pour les abdominaux facilite le transit intestinal et permet d'avoir le ventre plus plat.

Afin de changer un peu :

• Variante 1 :
Réalisez un cercle arrière d'un bras, puis un cercle arrière de l'autre bras, en alternance, sans temps d'arrêt.
Faites ainsi 2 séries de 20 cercles alternés.

• Variante 2 :
Réalisez en alternance 2 cercles arrière avec 3 secondes d'arrêt et 2 battements verticaux des bras sur le côté en alternance.
Faites ainsi 2 séries de 8 enchaînements (1 enchaînement = 2 cercles arrière avec 3 secondes de temps d'arrêt + 2 battements verticaux des bras sur le côté en alternance).

Important : n'oubliez pas de faire votre technique de stretching (voir page 38) afin d'éviter d'avoir des courbatures.

Programme du mardi

Consignes du coach :

- **Tête levée.**
- **Dos droit.**
- **Jambes semi-fléchies.**
- **Pieds parallèles.**
- **Bras tendus et parallèles.**
- **Poings serrés.**

Le point important :

- **Tirez les bras au maximum vers l'arrière sur la « phase haute » et au maximum devant vous sur la « phase parallèle ».**

Exercice 1

Élévation des bras de la parallèle au sol à la verticale avec 2 temps d'arrêt

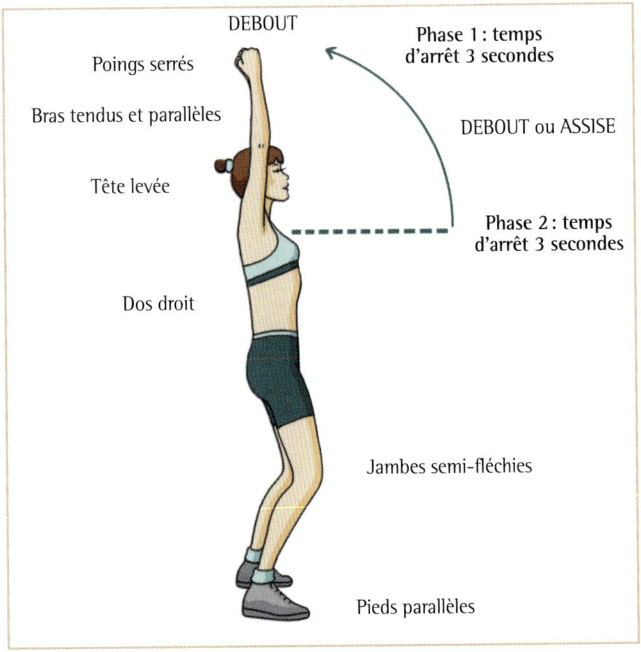

POUR S'AMUSER :
Dans quel domaine est utilisé le dermalivé ?
A dans la fabrication de prothèses chirurgicales
B dans la désinfection (après une intervention chirurgicale)
C dans le domaine de la chirurgie esthétique pour lutter contre les rides et améliorer l'aspect trophique

Réponse : B

Tableau d'apports caloriques conseillés pour une femme suivant son poids et sa taille

Taille	Poids	Apport calorique		
		Activité faible	Activité moyenne	Activité élevée
1,55 m	48 kg	1 100 cal	1 500 cal	1 900 cal
1,57 m	50 kg	1 150 cal	1 550 cal	2 000 cal
1,60 m	52 kg	1 200 cal	1 600 cal	2 100 cal
1,62 m	55 kg	1 250 cal	1 650 cal	2 200 cal
1,65 m	52 kg	1 300 cal	1 700 cal	2 300 cal
1,67 m	60 kg	1 350 cal	1 750 cal	2 400 cal

Description :

Élevez les bras de la parallèle à la verticale en les maintenant immobiles durant 3 secondes à chacune de ces deux positions.

Conseils du coach :

• Veillez à conserver les jambes parfaitement immobiles durant toute la durée de l'exercice.
• Ne fléchissez pas (même un peu) les bras, pendant la phase immobile.

Répétitions :

Faites 2 séries de 12 maintiens alternés de 3 secondes.

Respiration :

Inspirez par le nez lors des changements de position. Expirez par la bouche lors de la phase immobile.

Rythme :

Travaillez sans élan.

Taille	Poids	Apport calorique		
		Activité faible	Activité moyenne	Activité élevée
1,70 m	62 kg	1400 cal	1800 cal	2500 cal
1,72 m	63 kg	1450 cal	1850 cal	2600 cal
1,75 m	66 kg	1500 cal	1900 cal	2700 cal
1,77 m	68 kg	1550 cal	1950 cal	2800 cal
1,80 m	70 kg	1600 cal	2000 cal	2900 cal

Afin de changer un peu :

• Variante 1 :
Alternez 2 élévations sans temps de pause et 4 élévations avec temps de pause.
Faites 2 séries de 16 élévations alternées.

• Variante 2 :
Alternez 4 élévations avec les bras fléchis et 4 élévations avec les bras tendus.
Faites 2 séries de 20 élévations alternées.
Décontractez-vous complètement une vingtaine de secondes avant d'enchaîner la seconde technique.

Programme du mardi

Consignes du coach :

- Tête levée.
- Dos droit.
- Bras tendus.
- Poings serrés.
- Jambes semi-fléchies.
- Pieds parallèles.

Le point important :

- Les épaules doivent être étirées au maximum vers l'arrière.

POUR S'AMUSER :
Quel est l'autre terme qui désigne une anesthésie locale ?
A l'antalgie
B l'anesthésogénèse
C la neuroleptanalgésie

Réponse : C

Exercice 2

Petits cercles des bras : en haut, sur les côtés, en bas

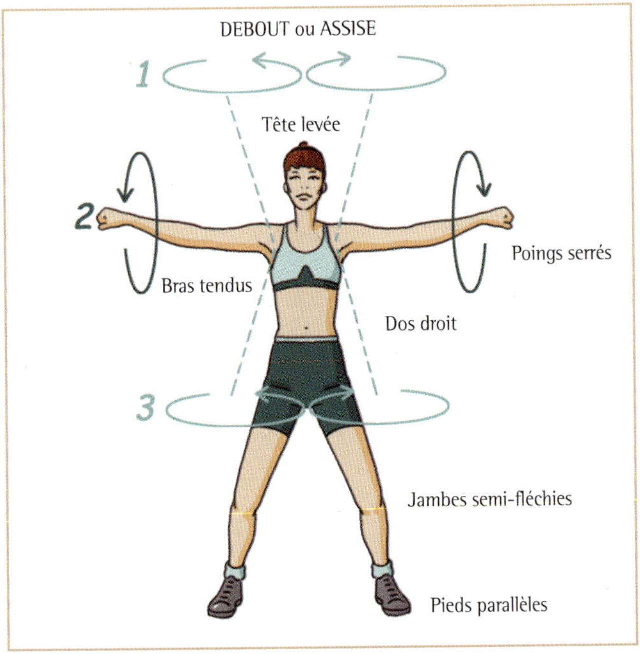

Quelques conseils basiques pour prévenir l'ostéoporose

La charpente osseuse peut être fragilisée par une carence en protéines. La synthèse du collagène ne s'effectuant plus correctement, les os sont fragilisés par la consommation excessive de tabac, d'alcool, de café (ne pas dépasser 4 tasses de café et 25 g d'alcool par jour). Il faut respecter les 35 % de protides indispensables à l'équilibre alimentaire.

Dans ce but, voici quelques conseils :
- Ne buvez pas de thé en même temps que des produits dérivés du lait.
- N'absorbez pas au cours d'un même repas des fruits oléagineux ou à base de son de blé et des légumes tels qu'épinards

Programme du mardi

Description :

Pratiquez de petits cercles dissociés des bras tendus, en alternance :
- en haut,
- sur les côtés,
- en bas.

Conseils du coach :

• N'accélérez pas le rythme de vos gestes au fur et à mesure.
• Conservez votre dos parfaitement immobile.

Répétitions :

Faites 2 séries de 6 enchaînements (1 enchaînement = 1 cercle en haut + 1 cercle sur les côtés + 1 cercle en bas).

Respiration :

Inspirez par le nez et expirez par la bouche le plus lentement possible.

Rythme :

Travaillez avec régularité à votre rythme.

ou oseille (qui entravent l'assimilation du calcium) avec des dérivés de produits laitiers.
- Évitez de trop saler les aliments (le sel favorise l'élimination du calcium par les reins).
- Ne soyez pas trop sédentaire (l'activité physique consolide la charpente osseuse).
- N'abusez pas de la viande car une forte consommation entraîne une acidification importante de l'organisme, d'où une fragilité osseuse (il est nécessaire de diversifier l'origine de l'apport des protéines : viandes, poisson, œufs, soja...).
- Consommez au moins un légume vert ou une crudité chaque jour.
- N'abusez pas des fromages gras (préférez yaourt, fromage blanc, etc.).
- Évitez les régimes hypocaloriques de longue durée.

Afin de changer un peu :

• Variante 1 :
Réalisez avec les bras 1 cercle dans un sens, puis 1 cercle dans l'autre sens.
Réalisez 2 séries de 6 enchaînements (1 enchaînement = 2 cercles alternés en haut + 2 cercles alternés sur les côtés + 2 cercles alternés en bas).

• Variante 2 :
Réalisez 1 petit cercle rapide dans un sens, puis 1 grand cercle dans l'autre sens.
Faites 2 séries de 6 enchaînements (1 enchaînement = 1 petit cercle rapide dans un sens en haut et 1 grand cercle lent dans l'autre sens en haut + 1 petit cercle rapide dans un sens en haut et 1 grand cercle lent dans l'autre sens sur les côtés + 1 petit cercle rapide dans un sens et 1 grand cercle lent dans l'autre sens).

Important : n'oubliez pas de faire votre technique de stretching (voir page 38) afin d'éviter d'avoir des courbatures.

Programme du mercredi

Consignes du coach :

- **Dos plat.**
- **Tête baissée.**
- **Jambes semi-fléchies et écartées.**
- **Pieds parallèles.**
- **Bras semi-fléchis et écartés du corps.**
- **Doigts serrés et en extension.**

Le point important :

- **Le dos doit rester immobile en permanence.**

Exercice 1

Phase 1 : élévation latérale des bras semi-fléchis
Phase 2 : toucher des mains sous le corps

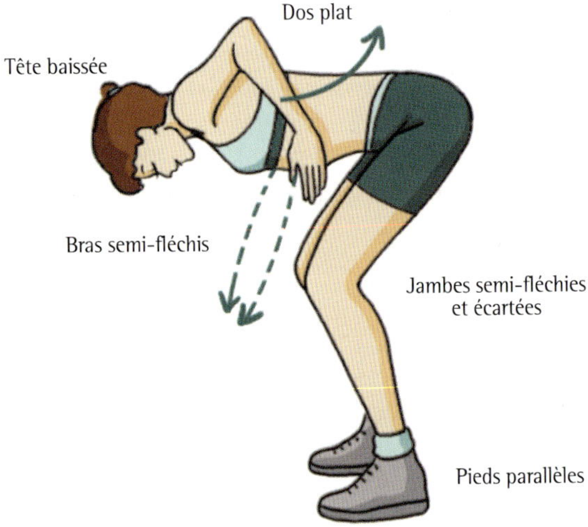

POUR S'AMUSER :
Quel est l'autre nom du botox (utilisé en chirurgie esthétique) ?
A la toxine botulique
B l'acide hyaluronique
C l'artecol

Réponse : A

Où trouver les acides gras essentiels ?

- **On trouve l'acide linoléique (acide gras diéthylénique) dans les graisses végétales (soja, colza, germe de blé ou noix).**
- **Les poissons comme le saumon, le hareng, le thon, les sardines, et les huiles de poisson renferment des acides gras essentiels.**
- **Les graines oléagineuses (de plantes cultivées pour leurs graines ou leurs fruits riches en lipides dont on tire les huiles alimentaires ou industrielles) contiennent également l'oméga-3 (acide linoléique oméga-3).**

Description :

Fléchissez le buste vers l'avant, le dos parallèle au sol. Élevez ainsi les bras semi-fléchis de chaque côté du corps, puis faites se toucher les mains sous le corps en alternance, en conservant les bras semi-fléchis.

Conseils du coach :

• N'ayez pas les bras fléchis, mais semi-fléchis, car l'on confond souvent les deux positions.
• Réalisez plutôt cet exercice de profil par rapport à une glace afin de bien surveiller la position du dos.

Répétitions :

Faites 2 séries de 16 enchaînements (1 enchaînement = 1 élévation des bras sur les côtés + 1 touché des mains sous le corps).

Respiration :

Inspirez par le nez lorsque les mains se touchent et expirez par la bouche sur l'élévation des bras.

Rythme :

Travaillez avec régularité à votre rythme.

• L'acide linoléique oméga-6 se trouve dans les volailles, le porc, les pépins de raisin, le maïs, le soja, l'huile de tournesol.
• L'acide arachidonique est présent dans les abats, les poissons et la partie maigre de viandes, les œufs.
•L'acide gammalinolénique se trouve dans les huiles de bourrache et d'onagre.

L'EPA et la DHEA sont des dérivés actifs de l'acide linoléique oméga-3 et oméga-6. Une technique est actuellement au point pour prélever les oméga-6 présents dans les poissons gras, tels les anguilles, les maquereaux, le thon, le saumon frais, les huiles de poisson (comme l'huile de foie de morue).

Afin de changer un peu :

• Variante 1 :
Faites en alternance 1 enchaînement avec les bras semi-fléchis et 1 enchaînement avec les bras tendus.
Faites 2 séries de 8 enchaînements (1 enchaînement = 1 élévation des bras fléchis + 1 touché des mains en bas + 1 élévation des bras tendus + 1 touché des mains en bas).

• Variante 2:
Élevez les bras semi-fléchis et marquez un temps d'arrêt de 3 secondes dans la position haute en essayant de contracter également l'ensemble des muscles du dos.
Puis, faites se toucher les mains avec les bras semi-fléchis sous le corps.
Décontractez-vous complètement une vingtaine de secondes avant d'enchaîner la seconde technique.

Programme du mercredi

Cette technique est complémentaire et indispensable aux précédentes et connue également pour ses bienfaits déstressants.

Consignes du coach :

- Tête levée.
- Bras tendus.
- Jambes semi-fléchies.
- Épaules étirées à l'arrière.
- Pieds parallèles.
- Doigts entrelacés.
- Paumes dirigées vers le haut.

Le point important :

- Le corps n'est penché ni vers l'arrière, ni vers l'avant, mais uniquement latéralement.

POUR S'AMUSER :
Quel est l'autre nom du lifting classique ?
A le lifting facial
B le lifting cervico-facial
C le lifting mask-lift

Réponse : B

Exercice 2
Flexions latérales alternées du buste

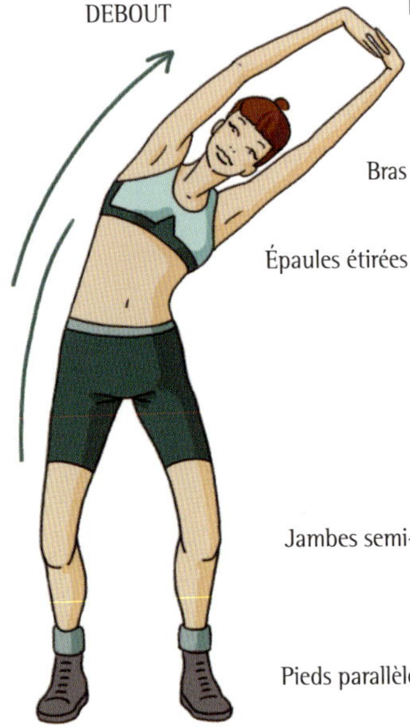

Les vergetures

Les vergetures peuvent avoir plusieurs origines :
- un excès de tension, souvent sur une peau trop mince,
- une altération des fonctions des glandes surrénales et thyroïdiennes,
- une déficience protéinique, voire même une carence. L'organisme puise des protéines dans les tissus conjonctifs de la peau.

Il importe de prévenir les vergetures en ayant toujours un apport protéinique suffisant à tous les moments de la vie (surtout à l'adolescence et pendant la grossesse).

Les vitamines B3 ou PP auraient une action favorable en améliorant l'état de la peau. On les trouve dans les avocats,

Programme du mercredi

Description :

Bras élevés, penchez ainsi au maximum le corps sur un côté. Maintenez la posture pendant 8 secondes avant de recommencer de l'autre côté.

Conseils du coach :

Toute la fiabilité de la technique réside dans l'action simultanée de trois étirements :
– l'étirement des épaules vers l'arrière,
– l'étirement des paumes vers le haut,
– la flexion latérale du buste.

Répétitions :

Faites 2 séries de 12 flexions du buste alternées.

Respiration :

Inspirez par le nez et expirez par la bouche le plus lentement possible.

Rythme :

Travaillez avec régularité sur un rythme lent.

les bananes, les abricots frais, les pêches, les poissons, les amandes, les légumes secs, les viandes.

Il existe également plusieurs procédés d'élimination des vergetures en chirurgie esthétique, mais les résultats ne sont pas très probants.

En résumé : une alimentation équilibrée et un lait corporel nourrissant, tous les jours, constituent déjà une bonne façon de réduire les vergetures !

Afin de changer un peu :

• Variante 1 :
Réalisez la même technique avec les bras en croix bien parallèles au sol.
Faites 2 séries de 12 flexions alternées.

• Variante 2 :
Réalisez la même technique avec les jambes serrées et tendues. Veillez à ne pas être penchée vers l'arrière.
Faites 2 séries de 10 postures alternées.

Important : n'oubliez pas de faire votre technique de stretching (voir page 38) afin d'éviter d'avoir des courbatures.

Programme du jeudi

Consignes du coach :

- **Jambes semi-fléchies et écartées.**
- **Bras fléchis.**
- **Tête complètement relâchée.**
- **Mains sur les cuisses.**
- **Pieds parallèles.**
- **Nuque parallèle au sol.**

Le point important :

- **N'hésitez pas à forcer en douceur sur la phase d'arrondi, afin de rendre la technique le plus efficace possible.**

POUR S'AMUSER :

Quelle est la perte osseuse globale que subissent en général les femmes de 80 ans ?

A entre 15 et 20 %

B entre 20 et 40 %

C entre 10 et 15 %

Réponse : B

Exercice 1

Dos plat et dos rond en alternance avec maintien

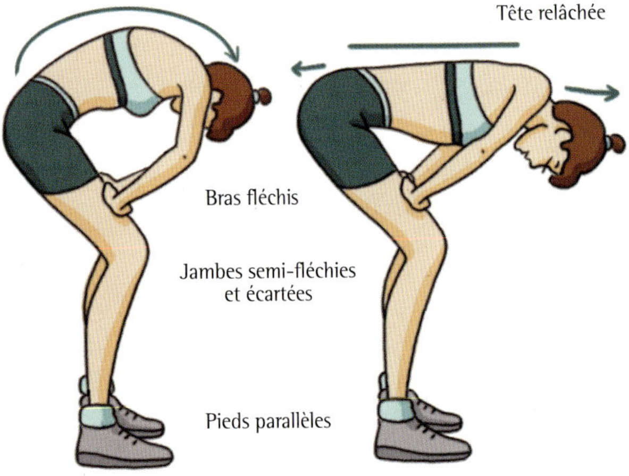

Le lait : la boisson des sportifs

Beaucoup de sportifs consomment du lait pour sa valeur nutritionnelle.
En effet, un bol de lait (de 250 ml) contient 9 g de protéines (autant que dans 3 yaourts, 50 g de viande ou 30 g de gruyère).
Un litre de lait contient 900 g d'eau environ, 9 g de sels minéraux, 50 g de lactose, 35 g de protéines et 45 g de matières grasses.
Mais la composition du lait varie suivant l'hérédité, la race, l'alimentation des vaches et si on le consomme immédiatement après la traite (le lait industriel subit un traitement).
Les protéines du lait sont bénéfiques pour l'organisme, en particulier la caséine (principale protéine du lait), la lactoglubine, la lactalbumine, la lysine, qui renferment les acides aminés.
La caséine, qui représente 80 % des protéines totales, a la

Programme du jeudi

Description :

Faites le dos plat et le dos rond en alternance en restant immobile 6 secondes sur chaque posture.

Conseils du coach :

• Sur la phase 1 : arrondissez le dos avec progression et non pas d'un seul coup.
• Sur la phase 2 : pratiquez l'extension dorsale en prenant soin d'étirer le bassin vers l'arrière et la tête vers l'avant (sans redresser la tête : les vertèbres cervicales doivent rester dans le prolongement des dorsales).

Répétitions :

Faites 12 « dos plat – dos rond » alternés.

Respiration :

Inspirez par le nez et expirez par la bouche le plus lentement possible.

Rythme :

Travaillez à votre rythme.

particularité de se coaguler sous l'action du suc gastrique en amas plus ou moins denses que l'estomac a du mal à dissocier. La digestion du lait est donc plus longue que pour d'autres aliments, d'où son intolérance chez certaines personnes.

Le lait UHT (ultra haute température) est stérilisé dans un courant de vapeur d'eau à 150 °C durant plusieurs secondes. Cette méthode permet de conserver les protéines (mais pas toutes les vitamines, car la vitamine C par exemple est très sensible à la chaleur) tout en détruisant les micro-organismes ou les bactéries à spores. C'est donc un excellent moyen de conservation du lait.

N'hésitez pas à boire un verre de lait avant de vous endormir.

Afin de changer un peu :

• Variante 1 :
Réalisez la même posture en tendant les jambes sur la phase « dos rond ».
Faites ainsi 12 « dos plat – dos rond ».

• Variante 2 :
Réalisez la même posture en position « à genoux, avant-bras sur le sol ».
Faites ainsi 12 « dos plat – dos rond ».
Décontractez-vous complètement une vingtaine de secondes avant d'enchaîner la seconde technique.

Programme du jeudi

Consignes du coach :

- Nuque dans le prolongement du dos.
- Bras tendus.
- Poings serrés.
- Jambes semi-fléchies.
- Pieds parallèles.

Le point important :

- Le dos doit rester absolument parallèle au sol.

POUR S'AMUSER :
Qu'est-ce que le softform (utilisé en chirurgie esthétique) ?
A un abrasif pour les peelings
B un implant tubulaire pour combler les rides
C un gel tenseur pour le visage

Réponse : B

Exercice 2
Petits battements des bras

Le régime associé

On a beaucoup parlé du régime dissocié, mais fort peu du régime associé. Ce dernier a été conçu par le Dr Fricker qui est chercheur et nutritionniste. Il consiste à consommer des glucides riches en fibres pouvant être associés à des acides gras essentiels et à préférer les aliments protéiniques et riches en vitamines.
Le programme minceur propose 4 solutions : une à 1200 calories, une à 1600, une à 2000 et une à 2400. L'avantage de ce régime est qu'il est équilibré et permet une perte progressive de la masse graisseuse. La phase de stabilisation est également prise en compte. Ce régime personnalisé répond bien aux apports et dépenses caloriques de chacun.
La plupart des régimes connus présentent des carences alors que le régime associé n'en entraîne pas.

Programme du jeudi

Description :

Penchez le buste jusqu'à ce qu'il soit parallèle au sol et réalisez ainsi de petits battements des bras le plus haut possible.

Conseils du coach :

• Il est recommandé d'effectuer cet exercice de renforcement musculaire en se plaçant parallèle à un miroir.
• Il importe de bien élever les bras afin d'optimiser au mieux la technique. Si on réalise cette technique avec les bras en position basse : on n'exerce plus le dos !

Répétitions :

Faites 3 séries de 20 battements.

Respiration :

Inspirez par le nez et expirez par la bouche le plus lentement possible.

Rythme :

Travaillez à votre rythme.

Exemple de régime à 1 500 calories :

Petit déjeuner : thé ou café (sans sucre), 1 grand verre de lait écrémé, 1/8 de baguette, 1 noix de beurre allégé, fruits.

Déjeuner : crudités avec 1 cuillère à café d'huile, une part de poisson ou de viande ou deux œufs, légumes verts avec une noix de beurre allégé, trois cuillères à soupe de fromage blanc à 10 % de matière grasse, fruits.

Dîner : potage de légumes avec une cuillère à soupe de crème fraîche, une part de poisson, de viande ou deux œufs, légumes verts avec une noisette de beurre allégé, 1/6 de baguette, une portion de fromage, fruits.

Afin de changer un peu :

• Variante 1 :
Élevez 4 fois le bras gauche en gardant le droit immobile et parallèle au sol ; puis inversez.
Faites 2 séries de 20 battements alternés.

Variante 2 :
• Élevez 2 fois les bras tendus devant vous et 2 fois les bras tendus sur les côtés en alternance.
Faites 2 séries de 20 battements alternés.

Important : n'oubliez pas de faire votre technique de stretching (voir page 38) afin d'éviter d'avoir des courbatures.

Programme du vendredi

Consignes du coach :

Phase 1 :
- Tête baissée.
- Bras tendus et parallèles.
- Paumes sur le sol.
- Jambes fléchies.
- Pieds parallèles.

Phase 2 :
- Doigts serrés en extension.
- Bras parallèles.
- Tête levée.
- Dos droit.
- Jambes tendues et écartées.
- Talons décollés du sol.

Le point important :

- Fléchissez bien le dos plat au milieu des jambes, afin de garder la colonne bien droite sur la phase 1.
- Étirez bien au maximum les épaules vers l'arrière sur la phase 2.

POUR S'AMUSER :
Quel pourcentage de calcium les os contiennent-ils ?
A 83 %
B 78 %
C 99 %

Réponse : C

Exercice 1

Phase 1 : flexion du buste vers l'avant
Phase 2 : extension générale en équilibre sur les orteils

De cause à effet... le poids et l'hérédité

L'hérédité est un facteur important en ce qui concerne l'obésité. En effet, il y a environ 40 % de risques de devenir obèse si l'on a un de ses parents obèse, 70 % si les deux parents le sont, et 15 % seulement si aucun des parents ne l'est. Il ne faut cependant pas mettre systématiquement au régime les enfants d'obèses : il est plus judicieux de les conditionner très jeunes à une bonne hygiène alimentaire.

De nombreuses études ont démontré que le poids et la morphologie des enfants adoptés étaient liés à ceux des parents biologiques et non des parents adoptifs. De même,

Programme du vendredi

Description :

Jambes fléchies et écartées :
Phase 1 : basculez le buste vers l'avant et étirez vos bras le plus loin possible devant vous. Restez immobile sur la position en étirement maximal durant 5 secondes.
Phase 2 : redressez le buste et étirez les bras au maximum vers le haut en restant en équilibre sur les orteils. Restez immobile sur l'étirement maximal durant 5 secondes.

Conseils du coach :

• N'oubliez pas de fixer une ligne droite afin de ne pas être déséquilibrée lors de la phase 2.
• Étirez-vous au maximum.

Répétition :

Faites 6 enchaînements (1 enchaînement = 1 bascule du buste + 1 extension générale).

Respiration :

Inspirez par le nez lors du changement de position et expirez par la bouche le plus lentement possible sur les extensions.

Rythme :

Travaillez avec régularité sur un rythme très lent.

une analogie de poids est constatée entre frère et sœur, par exemple.
Les facteurs d'environnement jouent donc proportionnellement très peu par rapport à l'hérédité. On sait que certains gros mangeurs restent minces alors que d'autres qui picorent sont obèses.
Ceci n'exclut pas les facteurs extrinsèques (mauvaise alimentation, sédentarité) et psychiques (stress, dépression, choc psychologique, etc.), les prises de médicaments occasionnant des dérèglements hormonaux, etc. L'obésité est souvent la résultante de plusieurs facteurs.

Afin de changer un peu :

• Variante 1 :
Phase 1 : fléchissez le buste vers l'avant avec les jambes tendues. Restez ainsi immobile sur l'extension maximale pendant 5 secondes.
Phase 2 : pratiquez l'extension du corps avec les jambes serrées. Restez immobile sur l'étirement maximal pendant 5 secondes.
Faites ainsi 6 enchaînements.

• Variante 2 :
Phase 1 : fléchissez le buste vers l'avant en nouant les doigts, paumes dirigées vers l'extérieur et posées sur le sol. Maintenez l'extension maximale pendant 5 secondes.
Phase 2 : pratiquez l'extension générale du corps avec les jambes écartées au maximum, en équilibre sur les orteils. Maintenez l'extension maximale pendant 5 secondes.
Faites ainsi 6 enchaînements.
Décontractez-vous complètement une vingtaine de secondes avant d'enchaîner la seconde technique.

Programme du vendredi

Consignes du coach :

- Poings serrés.
- Tête levée.
- Bras en extension maximale.
- Dos droit.
- Jambes en tailleur.

Phase 1 :
- Bras près des oreilles.

Phase 2 :
- Bras parallèle au sol.

Phase 3 :
- Bras le plus éloignés possible du dos, vers le bas.

Le point important :

- Évitez de fléchir les bras lors des changements de position.

Exercice 2

Étirement des bras tendus en haut, sur les côtés, à l'arrière

POUR S'AMUSER :
La médecine holistique est :
A une médecine qui traite l'homme dans son ensemble (physique, mental, social)
B une médecine basée sur la psychologie
C une médecine basée sur la gestuelle et sur la sophrologie

Réponse : A

À bas les rides… avec les dernières nouveautés

Depuis une dizaine d'années, on parle de la toxine botulique et de l'acide hyaluronique dans les magazines s'intéressant à l'esthétique.

- **La toxine botulique : elle cause des infections alimentaires entraînant des paralysies (botulisme) mais, injectée à très faibles doses, elle paralyse les muscles qui sont à l'origine des rides d'expression.**

Description :

Étirez une fois successivement les bras tendus vers l'arrière :
– phase 1 : en élévation,
– phase 2 : parallèles au sol,
– phase 3 : en position basse.

Conseils du coach :

• Si la position assise en tailleur ne vous semble pas suffisamment confortable, n'hésitez pas à vous positionner autrement à votre convenance : l'important est de conserver en permanence le dos le plus droit possible.
• Veillez à travailler symétriquement des deux bras.

Répétitions :

Faites 2 séries de 8 enchaînements (1 enchaînement = la phase 1 + la phase 2 + la phase 3).

Respiration :

Inspirez par le nez lors du changement de position.
Expirez par la bouche lors de l'étirement.

Rythme :

Travaillez avec régularité sur un rythme lent.

Afin de changer un peu :

• Variante 1 :
Restez 3 secondes immobile en contractant tous les muscles des bras et du dos sur chaque phase.
Faites ainsi 2 séries de 5 enchaînements.

• Variante 2 :
Réalisez les mêmes mouvements de bras en position debout, le dos fléchi parallèle au sol, les jambes semi-fléchies, la nuque dans le prolongement du dos.
Faites ainsi 2 séries de 6 enchaînements.

Important : n'oubliez pas de faire votre technique de stretching (voir page 38) afin d'éviter d'avoir des courbatures.

• L'acide hyaluronique : c'est un corps biodégradable qui se trouve à l'état naturel dans la peau. Il a un rôle de remplissage permettant la disparition des ridules et des rides. Associé à la toxine botulique, il donne de bons résultats quant à leur effacement.

On injecte d'abord la toxine botulique entre les sourcils et au niveau des pattes d'oie (il peut y avoir des œdèmes qui disparaissent rapidement), puis, dans un deuxième temps, on injecte l'acide hyaluronique. On constate des résultats satisfaisants dans 70 % des cas, mais ils ne persistent pas plus de 8 ans !

Programme du samedi

Consignes du coach :

- Jambes écartées et tendues au maximum.
- Pieds en flexion.
- Bras tendus et parallèles.
- Tête levée.

Phase 2:

- Dos droit.
- Épaules étirées vers l'arrière.

Phase 1 et 3:

- Dos droit.
- Bras le plus haut possible.
- Pieds en flexion.

Le point important :

- Fléchissez le dos bien plat au-dessus de la jambe.

POUR S'AMUSER:

Combien de km en moyenne parcourent les pieds d'un être humain tout au long de sa vie ?

A 50000
B 150000
C 78000

Réponse : B

Exercice 1

Phase 1 : fléchissez le buste à droite
Phase 2 : redressez le buste
Phase 3 : fléchissez le buste à gauche

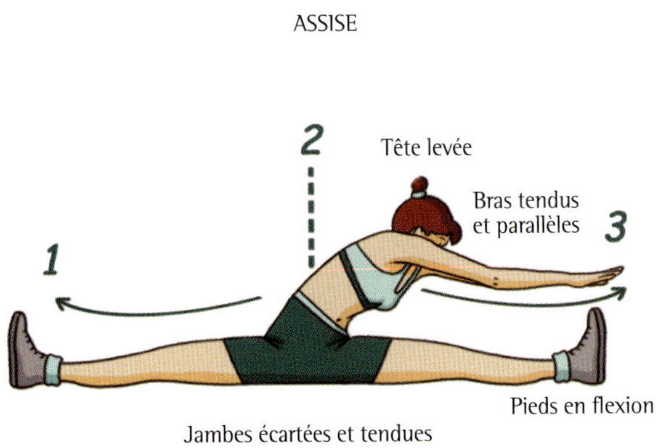

Prenez soin de vos pieds !

Consultez un podologue au moins une fois dans votre vie. Après un examen au podoscope et un relevé des points d'appui, il peut vous conseiller de faire des radios.

Les personnes ayant des pieds plats ou une marche en canard, par exemple, doivent porter des semelles (orthèses plantaires) pour corriger les défauts constatés et supprimer les douleurs qui en résultent.

Programme du samedi

Description :

Jambes écartées au maximum, bras tendus et parallèles, fléchissez le buste au-dessus de la jambe droite, puis redressez-le au maximum avant de faire de même à gauche.

Conseils du coach :

- Soyez attentive de ne pas décoller les fessiers du sol sur les phases 1 et 3.
- Ne prenez aucun élan pour redresser le corps.
- Étirez au maximum les épaules vers l'arrière en permanence.

Répétitions :

Faites 2 séries de 20 flexions alternées.

Respiration :

Inspirez par le nez en fléchissant le buste.
Expirez par la bouche en le redressant.

Rythme :

Travaillez avec régularité sur un rythme lent.

Les déformations sont souvent dues à de l'arthrose, de la polyarthrite rhumatoïde ou à la présence d'une épine calcanéenne (calcification du tendon au niveau de l'os du talon).
Ces anomalies entraînent des douleurs ou tensions ligamentaires et musculaires dorsales ainsi qu'au niveau des jambes, des genoux et des hanches.

On fabrique actuellement des semelles thermoformées à base de mousses, silicones ou résines, d'une grande efficacité.

Afin de changer un peu :

• Variante 1 :
Entrelacez les doigts.
Faites ainsi 2 séries de 20 flexions alternées.

• Variante 2 :
Passez de droite à gauche sans relever le buste en conservant le dos parallèle au sol.
Faites 2 séries de 20 « passages de droite à gauche ».
Décontractez-vous complètement une vingtaine de secondes avant d'enchaîner la seconde technique.

Programme du samedi

Consignes du coach :

- Paumes entourant les coudes.
- Tête levée.
- Avant-bras perpendiculaires au sol.
- Dos droit.
- Avant-bras parallèles au sol.
- Jambes fléchies.
- Pieds parallèles.

Le point important :

- Les épaules doivent être étirées vers l'arrière au maximum et les coudes étirés vers le haut.

POUR S'AMUSER :
Quel pourcentage volumique la tête d'un bébé représente-t-elle par rapport à l'ensemble de son corps ?
A 15 %
B 20 %
C 25 %

Réponse : C

Exercice 2

Passage des avant-bras de la parallèle à la perpendiculaire au sol

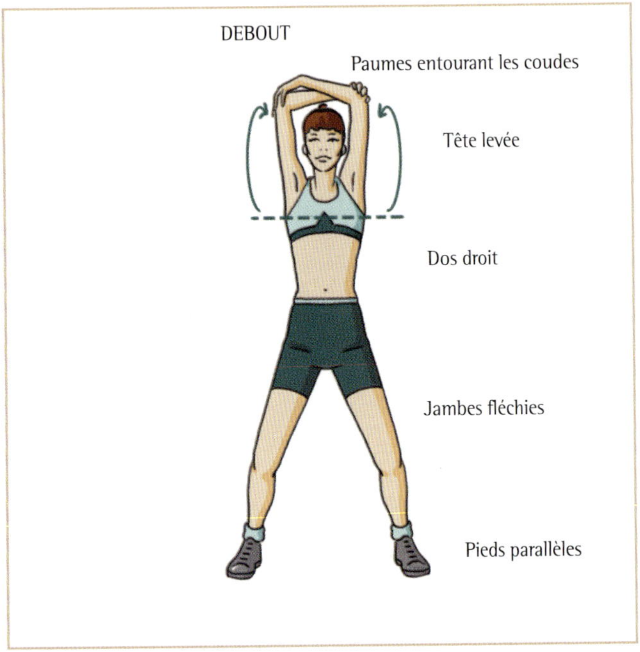

Que penser de la pratique régulière de la musculation sur des appareils ?

S'entraîner en salle de musculation peut être bénéfique pour le corps ou… catastrophique. En effet, on ne doit pas s'entraîner d'une façon anarchique sur des appareils de musculation sans :
- avoir un certificat médical d'aptitude à l'effort physique,
- s'être fait faire un plan d'entraînement personnalisé par un professionnel après un entretien, afin de bien définir l'objectif recherché,
- avoir vérifié avec le professionnel que toutes les machines que l'on doit utiliser sont bien adaptées à sa morphologie pour éviter tout mauvais placement (surtout dorsal),
- être surveillé pendant toute la durée de la séance afin de respecter les temps de récupération.

Programme du samedi

Description :

Mains entourant les coudes : faites passer les bras de la parallèle à la perpendiculaire.

Conseils du coach :

• Ne vous contentez pas de tenir les avant-bras : tenez vraiment les coudes à pleines mains.

Répétitions :

Faites 2 séries de 20 élévations des bras.

Respiration :

Inspirez par le nez en descendant les bras.
Expirez par la bouche en les remontant.

Rythme :

Travaillez à votre rythme.

Afin de changer un peu :

• Variante 1 :
Élevez les bras une fois décalés à gauche et une fois à droite en alternance.
Faites 2 séries de 20 élévations alternées.

• Variante 2 :
Réalisez un petit rebond arrière des bras à chaque élévation.
Faites ainsi 2 séries de 16 élévations alternées.

Important : n'oubliez pas de faire votre technique de stretching (voir page 38) afin d'éviter d'avoir des courbatures.

La musculation est une activité physique complexe car, de par les charges que l'on doit soulever, elle développe plus vite la musculature que la culture physique et il convient donc d'acquérir un développement harmonieux des muscles concernés.
Un renforcement musculaire bien mené au moyen d'appareils peut être bénéfique en complément de la culture physique ou d'un sport précis (si l'on désire, par exemple, améliorer ses qualités musculaires par rapport à la discipline). Mais il ne faut pas oublier que les machines même très sophistiquées n'offrent pas les mêmes avantages au niveau des angles de travail que la culture physique, où tout est possible. Ainsi, exercer des muscles toujours de la même façon ne peut être que complémentaire d'un entraînement plus diversifié.

Exercice de stretching dorsal à pratiquer à chaque séance

Consignes du coach :

- **Jambe repliée.**
- **Main tenant le genou.**
- **Jambe en extension.**
- **Pieds en flexion.**
- **Bras de la jambe tendue en extension.**
- **Doigts serrés en extension.**
- **Tête au repos sur le sol.**
- **Petit coussin (éventuel) sous la nuque.**

Le point important :

- **Veillez bien à ramener le genou le plus près possible de la posture.**
- **La jambe et le bras en extension doivent être bien en contact avec le sol.**

POUR S'AMUSER :

Combien de temps doit durer un brossage des dents pour être vraiment efficace ?

A 6 minutes

B 3 minutes

C 8 minutes

Réponse : B

Étirement du bras et de la jambe correspondante

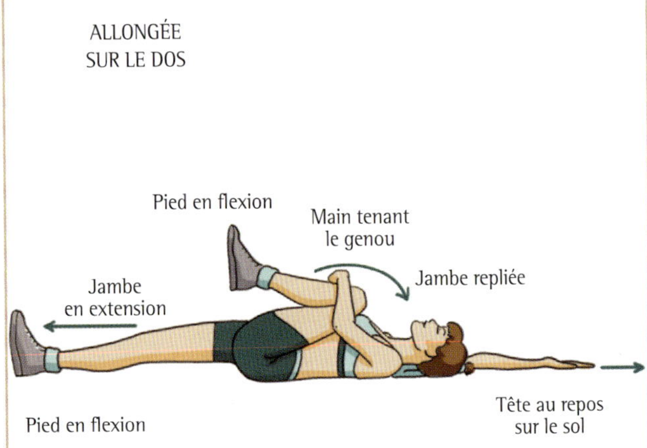

Les différents types d'obésité

- **Les obésités psychosomatiques : elles concernent les personnes perturbées psychologiquement souffrant parfois de troubles alimentaires boulimiques avec des perturbations des glandes endocrines et un déséquilibre hypothalamique des centres de la faim.**
- **Les obésités athérogènes : les personnes affectées par ce type d'obésité ont un risque cardiaque élevé et il importe de prendre les précautions propres à cet état dès qu'il est constaté.**
- **Les obésités gynoïdes : elles sont en général l'apanage des femmes. Ce sont parfois uniquement des états œdémeux cycliques, dus à une certaine carence en progestérone ou, à l'inverse, à un excès de prolactine.**

Exercice de stretching dorsal à pratiquer à chaque séance

Description :

La main gauche tenant le genou gauche, la jambe droite bien en extension et entièrement en contact sur le sol, le bras droit dans le prolongement du corps : étirez ainsi le bras droit et la jambe droite tout en ramenant le plus possible le genou gauche près de la poitrine. Maintenez la posture pendant 10 secondes avant d'inverser lentement la position.

Conseils du coach :

- Appuyez en permanence la région lombaire contre le sol.
- Pratiquez l'extension avec progression.

Répétitions :

Faites 1 posture de chaque côté.

Respiration :

Inspirez par le nez avant et expirez par la bouche le plus lentement possible.

Rythme :

Travaillez à votre rythme.

Afin de changer un peu :

• Variante 1 :
Pratiquez la même technique en ramenant le genou de la jambe fléchie non dans son axe, mais vers l'extérieur du corps. Restez ainsi 10 secondes sur chacun des côtés.

• Variante 2 :
Pratiquez la même technique en décollant légèrement la jambe et le bras en extension.

• Les obésités génétiques héréditaires : elles sont caractérisées le plus souvent par une hypothyroïdie mineure. Les sujets souffrent en outre d'une grande inactivité physique, d'un ralentissement des métabolismes, d'un dérèglement hormono-endocrinien.

• Les obésités réfractaires : les sujets de ce type ne réagissent plus du tout aux régimes et arrivent à grossir même avec une alimentation hypocalorique.

• Les obésités diabétogènes : elles concernent les personnes à tendance diabétique et hyperinsulinique.

• Les obésités androïdes : on les remarque surtout chez les hommes (parfois chez les femmes ménopausées). On constate le plus souvent un déséquilibre hormonal important, de la rétention d'eau, de l'hypertension, du diabète et parfois une certaine pilosité.

Les techniques simples qui soulagent vraiment

Contractions au niveau de la nuque, épaules lourdes, courbatures au milieu du dos, zone lombaire sensible, voire douloureuse : c'est ce que ressentent ponctuellement la plupart d'entre nous !

Afin d'y remédier avec rapidité et efficacité, des techniques ayant fait leurs preuves vous sont proposées dans les pages suivantes.

Vous pouvez pratiquer ces exercices à n'importe quel moment de la journée, l'essentiel étant de les réaliser avec application.

Si vous avez le dos fragile, ces techniques vous sont particulièrement recommandées.

Il est bien évident que si vos sensations d'inconfort s'intensifient, il convient de consulter un kinésithérapeute qui vous indiquera des gestes de rééducation correspondant à vos traumatismes.

Ces techniques font partie de celles que conseillent les coachs à leurs clients avant de commencer un programme de remise en forme si ces derniers ressentent une gêne corporelle localisée.

À faire en overdose !

ATTENTION :

- N'oubliez pas d'inspirer par le nez en gonflant la cage thoracique et d'expirer par la bouche en creusant le ventre le plus lentement possible afin de mieux vous détendre !

Deux méthodes pour retrouver du tonus :

1 Coincée au volant de votre voiture dans les embouteillages, vous commencez à vous énerver et à ressentir des douleurs au niveau de la nuque. Il faut vous détendre au plus vite. Pour cela :

- Appuyez la tête contre l'appui-tête.

- Inspirez à fond par le nez.

- Expirez doucement par la bouche, en fléchissant lentement la tête sur l'épaule droite.

- Procédez de même à gauche.

À pratiquer au moins 4 fois le cas échéant.

2 Devant l'ordinateur : cela fait des heures que vos yeux sont rivés à votre ordinateur. Vous vous sentez ankylosée avec les épaules lourdes, le dos presque douloureux et une respiration de faible amplitude.

Prenez quelques minutes pour retrouver dynamisme et optimisme pour terminer au mieux la journée :

- Calez-vous bien droite au fond de votre siège.

- Inspirez fortement par le nez en étirant au maximum votre colonne vertébrale.

- Expirez doucement par la bouche en tendant au maximum les jambes devant vous.

- Relâchez complètement votre dos (et autant la nuque) pendant une dizaine de secondes.

5 techniques « express » pour soulager les muscles du visage

Assise

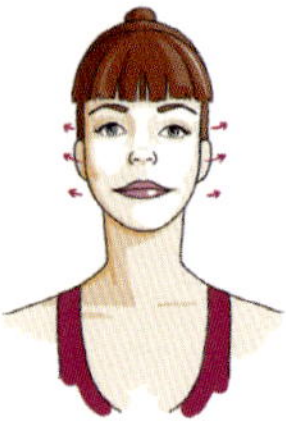

Technique 1

Faire 4 étirements latéraux des muscles du visage. Maintenir pendant 6 secondes chaque extension maximale.
À faire à tous moments et presque n'importe où!

Assise
ou allongée

Technique 2

Faire 6 étirements de 8 secondes chacun vers l'extérieur des muscles du front avec les mains. Maintenir pendant 8 secondes chaque extension maximale.
À faire à tous moments et presque n'importe où!

Allongée

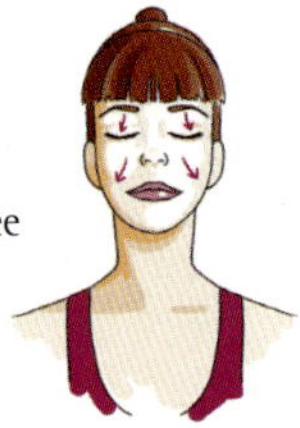

Technique 3

Décontracter successivement:
- le front,
- les yeux (fermés),
- les joues,
- la bouche.

Rester décontractée pendant 2 minutes.
À faire à tous moments et presque n'importe où!

Assise ou allongée

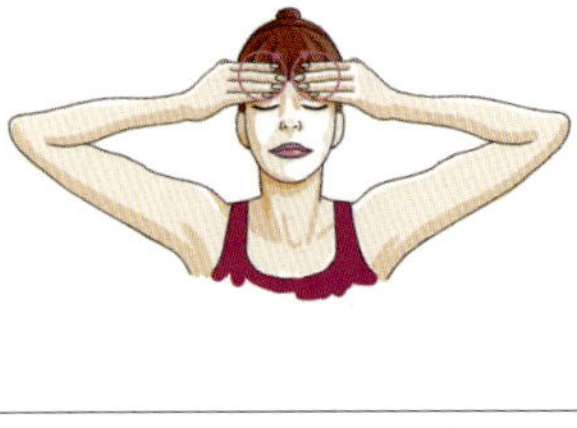

Technique 4

Faire un massage circulaire du milieu du front et des joues vers l'extérieur pendant 2 minutes minimum.
À faire à tous moments et presque n'importe où!

Assise
ou allongée

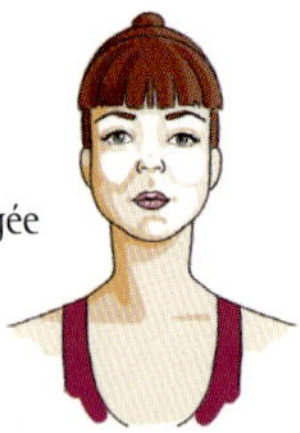

Technique 5

Faire 5 gonflements maximum des joues pendant 5 secondes.
À faire à tous moments et presque n'importe où!

5 techniques pour soulager les tensions de la nuque

Assise

Technique 1

Faire 6 inclinaisons très lentes avant-arrière. Maintenir pendant 6 secondes chaque extension maximale.
À faire après avoir travaillé longtemps sur l'ordinateur.
Pensez à vous décontracter pendant 5 ou 6 secondes entre les techniques.

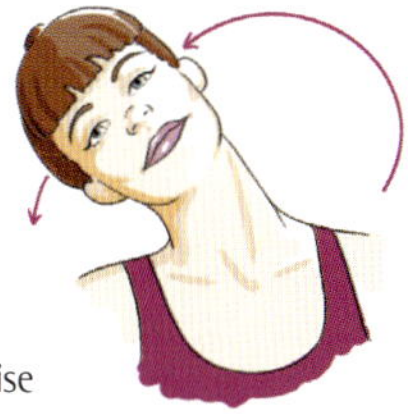

Assise

Technique 2

Faire 6 inclinaisons latérales. Maintenir pendant 6 secondes chaque extension maximale.
À faire après avoir travaillé longtemps sur l'ordinateur.
Pensez à vous décontracter pendant 5 ou 6 secondes entre les techniques.

Assise

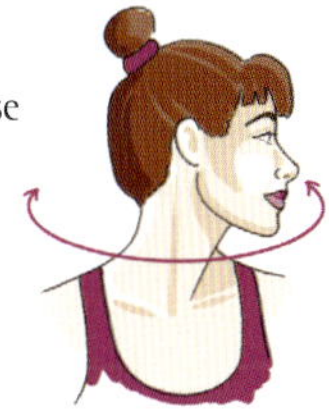

Technique 3

Faire 6 rotations de droite à gauche. Maintenir pendant 6 secondes chaque extension maximale.
À faire après avoir travaillé longtemps sur l'ordinateur.
Pensez à vous décontracter pendant 5 ou 6 secondes entre les techniques.

Assise

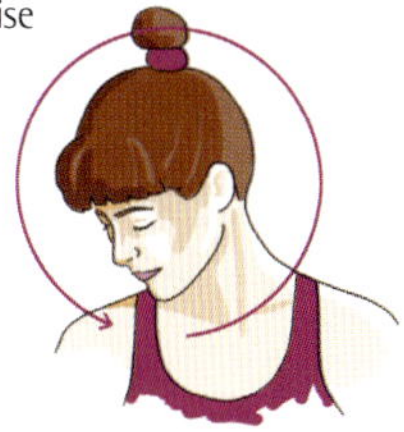

Technique 4

Faire 6 circumductions (cercles) très lentes alternées.
À faire après avoir travaillé longtemps sur l'ordinateur.
Pensez à vous décontracter pendant 5 ou 6 secondes entre les techniques.

Assise

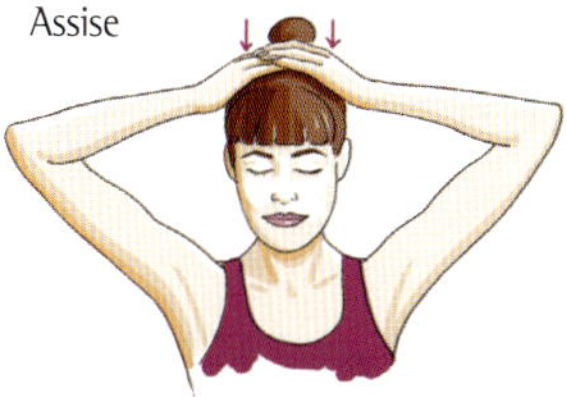

Technique 5

Faire 4 appuis des mains sur la tête. Maintenir ainsi pendant 8 secondes chaque extension maximale de la nuque.
À faire après avoir travaillé longtemps sur l'ordinateur.
Pensez à vous décontracter pendant 5 ou 6 secondes entre les techniques.

5 techniques pour enlever la lourdeur des épaules

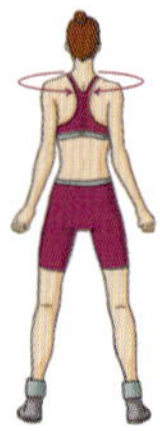

Technique 1

Faire 8 étirements très lents des épaules au maximum vers l'arrière (les omoplates doivent se toucher).
À faire pendant la pause! Pensez à vous décontracter pendant 5 ou 6 secondes entre les techniques.

Technique 2

Faire 8 rotations très lentes des épaules vers l'arrière.
À faire pendant la pause! Pensez à vous décontracter pendant 5 ou 6 secondes entre les techniques.

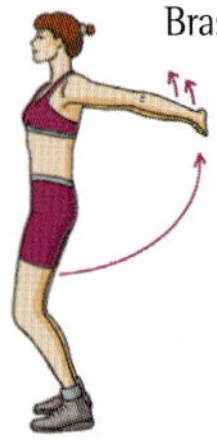

Technique 3

Faire 4 élévations des bras à l'arrière le plus haut possible. Maintenir pendant 8 secondes chaque étirement maximal.
À faire pendant la pause! Pensez à vous décontracter pendant 5 ou 6 secondes entre les techniques.

Technique 4

Faire 6 étirements des coudes vers l'arrière. Maintenir pendant 6 secondes chaque extension maximale.
À faire pendant la pause! Pensez à vous décontracter pendant 5 ou 6 secondes entre les techniques.

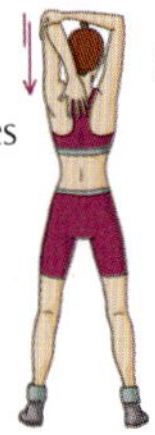

Technique 5

Faire 2 appuis alternés de la main sur chaque coude. Maintenir pendant 10 secondes chaque extension maximale.
À faire pendant la pause! Pensez à vous décontracter pendant 5 ou 6 secondes entre les techniques.

5 techniques pour soulager le milieu du dos

Technique 1

À faire en alternance 4 fois :
– Phase 1 : arrondissez le dos en expirant par la bouche. Maintenir pendant 5 secondes chaque extension maximale.
– Phase 2 : ramenez le dos plat en inspirant par le nez. Maintenir pendant 5 secondes chaque extension maximale.

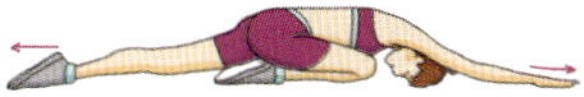

Technique 2

Faire 4 étirements alternés du bras et de la jambe opposés. Maintenir pendant 8 secondes chaque extension maximale. Étirez-vous progressivement ! Pensez à vous décontracter pendant 5 ou 6 secondes entre les techniques.

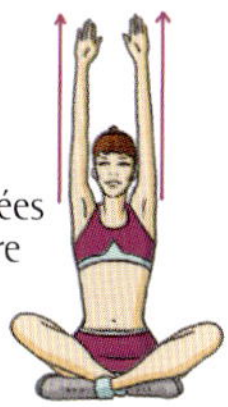

Technique 3

Faire 3 étirements des bras tendus à la verticale. Maintenir pendant 6 secondes chaque extension maximale.
Étirez-vous progressivement ! Pensez à vous décontracter pendant 5 ou 6 secondes entre les techniques.

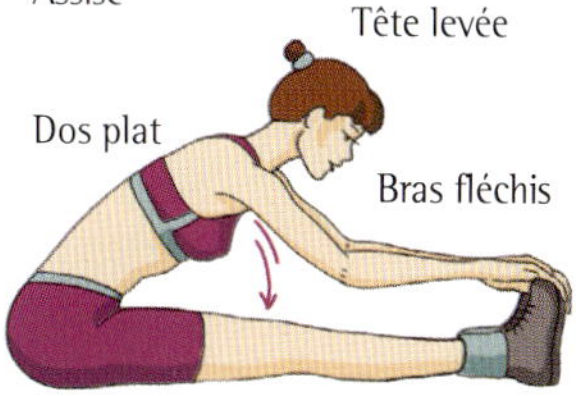

Technique 4

Faire 3 étirements en tenant les pieds serrés. Maintenir pendant 8 secondes chaque extension maximale.
Étirez-vous progressivement ! Pensez à vous décontracter pendant 5 ou 6 secondes entre les techniques.

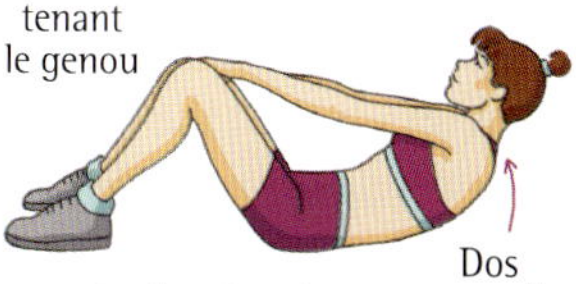

Technique 5

Faire 3 étirements arrière du dos. Maintenir pendant 8 secondes chaque extension maximale.
Étirez-vous progressivement ! Pensez à vous décontracter pendant 5 ou 6 secondes entre les techniques.

5 techniques pour soulager la région lombaire

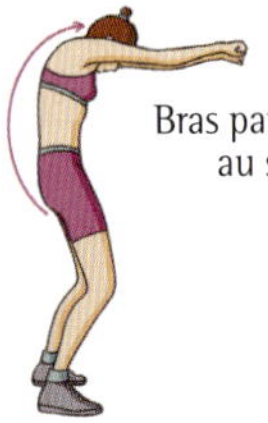

Technique 1

Faire 4 arrondis du dos. Maintenir pendant 6 secondes chaque extension maximale.
À pratiquer de préférence avant de vous coucher! Pensez à vous décontracter pendant 5 ou 6 secondes entre les techniques.

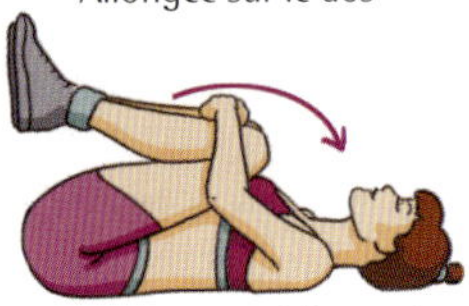

Technique 2

Faire 4 ramenés des genoux vers la poitrine. Maintenir pendant 8 secondes chaque extension maximale.
À pratiquer de préférence avant de vous coucher! Pensez à vous décontracter pendant 5 ou 6 secondes entre les techniques.

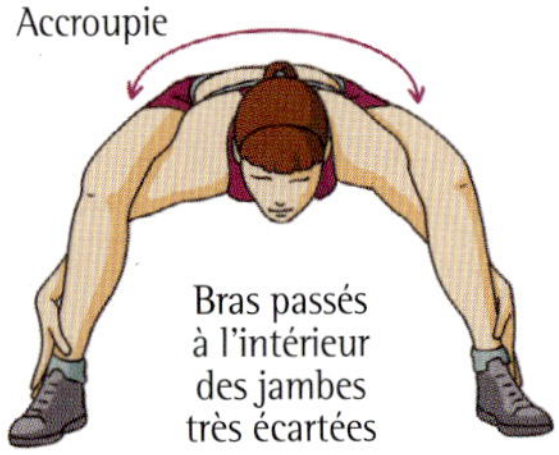

Technique 3

Faire 4 arrondis du dos. Maintenir pendant 6 secondes chaque extension maximale.
À pratiquer de préférence avant de vous coucher! Pensez à vous décontracter pendant 5 ou 6 secondes entre les techniques.

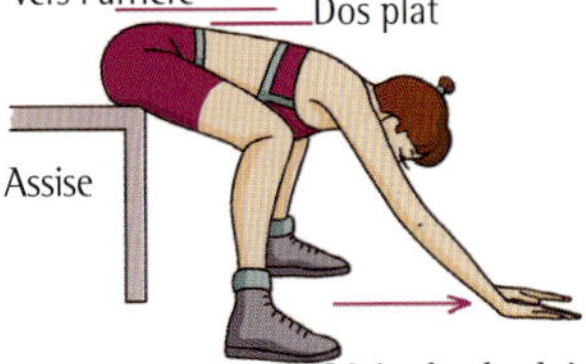

Technique 4

Faire 3 étirements du dos. Maintenir pendant 5 secondes chaque extension maximale.
À pratiquer de préférence avant de vous coucher! Pensez à vous décontracter pendant 5 ou 6 secondes entre les techniques.

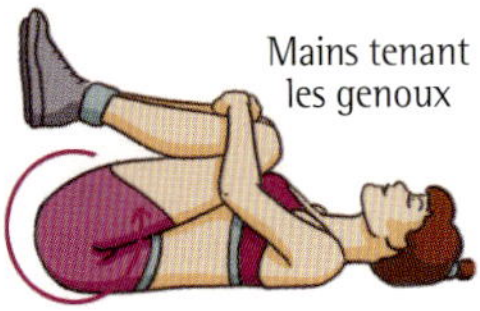

Technique 5

Faire 4 cercles très lents alternés du bassin sur le sol.
À pratiquer de préférence avant de vous coucher! Pensez à vous décontracter pendant 5 ou 6 secondes entre les techniques.

5 techniques pour soulager la lourdeur des jambes

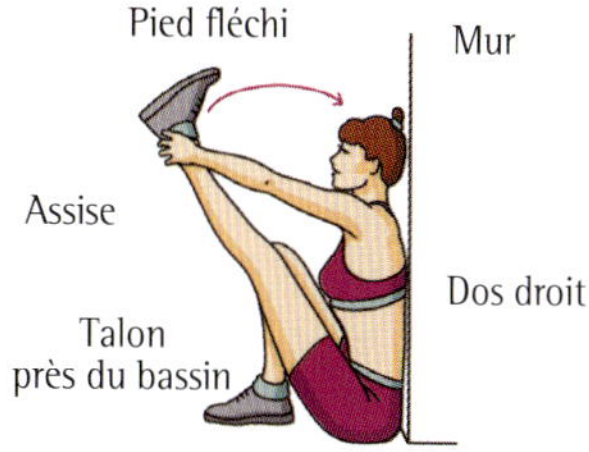

Technique 1

Faire 4 ramenés de la jambe tendue vers le visage. Maintenir pendant 8 secondes chaque extension maximale.
À réaliser de préférence le soir! Pensez à vous décontracter pendant 5 ou 6 secondes entre les techniques.

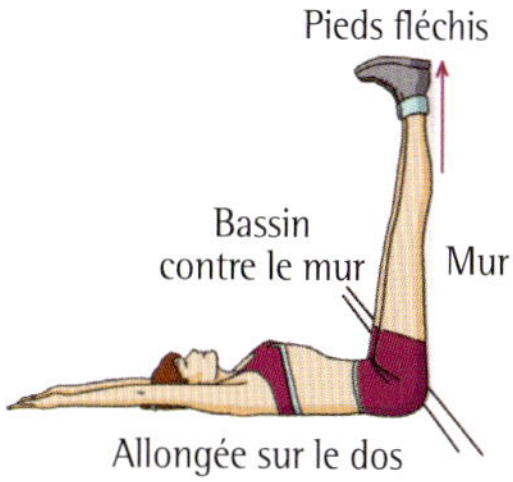

Technique 2

Faire 4 extensions maximales des jambes serrées. Maintenir pendant 10 secondes chaque extension maximale.
À réaliser de préférence le soir! Pensez à vous décontracter pendant 5 ou 6 secondes entre les techniques.

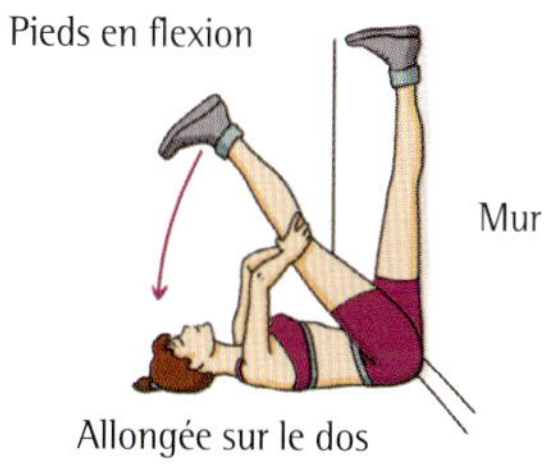

Technique 3

Faire 4 ramenés de la jambe tendue vers le visage. Maintenir pendant 8 secondes chaque extension maximale.
À réaliser de préférence le soir! Pensez à vous décontracter pendant 5 ou 6 secondes entre les techniques.

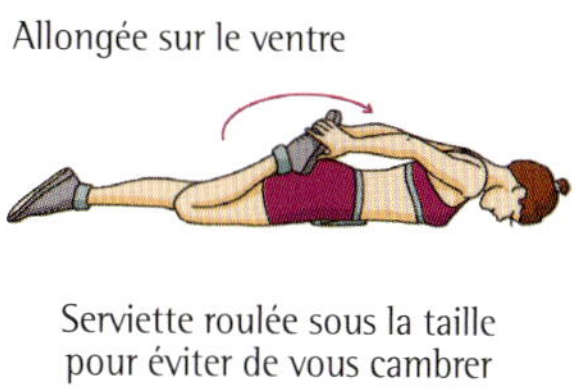

Technique 4

Faire 4 ramenés de talons vers les fessiers. Maintenir pendant 8 secondes chaque extension maximale.
À réaliser de préférence le soir! Pensez à vous décontracter pendant 5 ou 6 secondes entre les techniques.

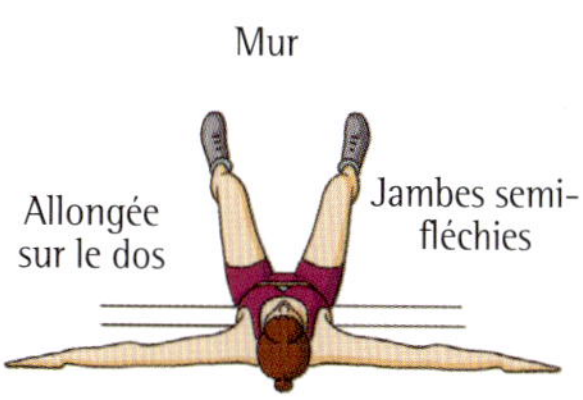

Technique 5

Mettez-vous en position jambes écartées contre un mur. Maintenez pendant 8 secondes chaque écart maximal, 4 fois.
À réaliser de préférence le soir! Pensez à vous décontracter pendant 5 ou 6 secondes entre les techniques.

5 techniques pour « déraidir » les doigts

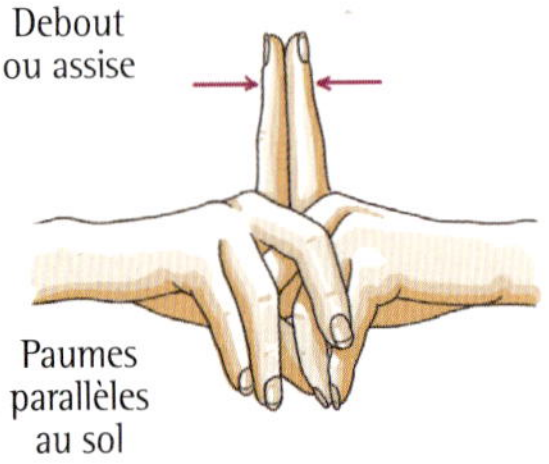

Technique 1

Faire 4 poussées des doigts serrés les uns contre les autres (index contre index, majeur contre majeur, etc.). Maintenez pendant 10 secondes chaque extension maximale.
Pensez à vous décontracter pendant 5 ou 6 secondes entre les techniques.

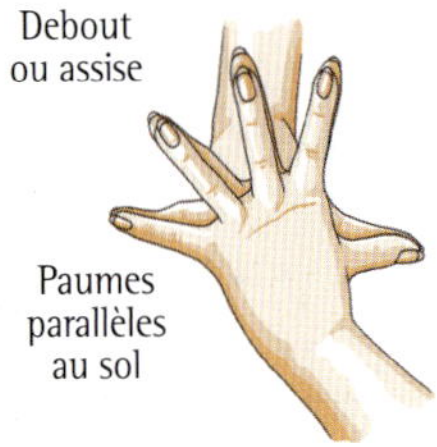

Technique 2

Faire 3 poussées de tous les doigts écartés (index contre index, majeur contre majeur, etc.). Maintenir pendant 8 secondes chaque extension maximale.
Pensez à vous décontracter pendant 5 ou 6 secondes entre les techniques.

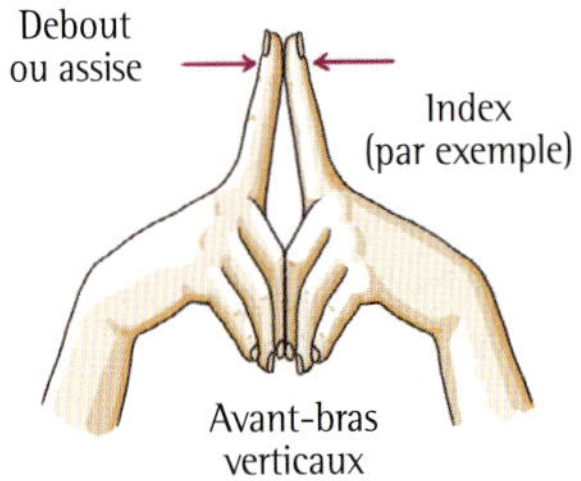

Technique 3

Faire 2 écarts verticaux des doigts (exemple: index contre index dirigés vers le haut et majeur contre majeur dirigés vers le bas). Maintenir pendant 6 secondes chaque extension maximale avant de changer. Pensez à vous décontracter pendant 5 ou 6 secondes entre les techniques.

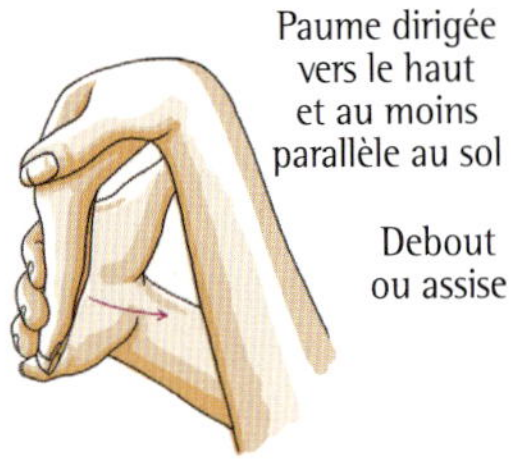

Technique 4

Avec une main: étirez 3 fois les doigts serrés et en extension vers le bas. Maintenir pendant 8 secondes chaque extension maximale. Inverser la position.
Pensez à vous décontracter pendant 5 ou 6 secondes entre les techniques.

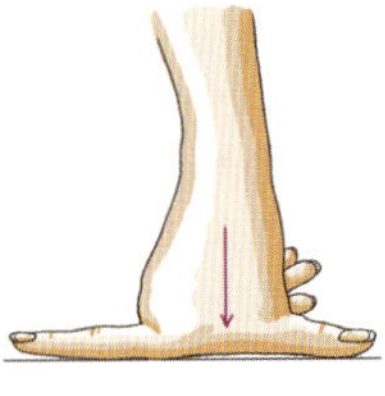

Technique 5

Faire 2 écarts des doigts (par exemple: écart entre le majeur et l'annulaire sur une table). Maintenir pendant 8 secondes chaque extension maximale.
Pensez à vous décontracter pendant 5 ou 6 secondes entre les techniques.

5 techniques pour décontracter les pieds en fin de journée

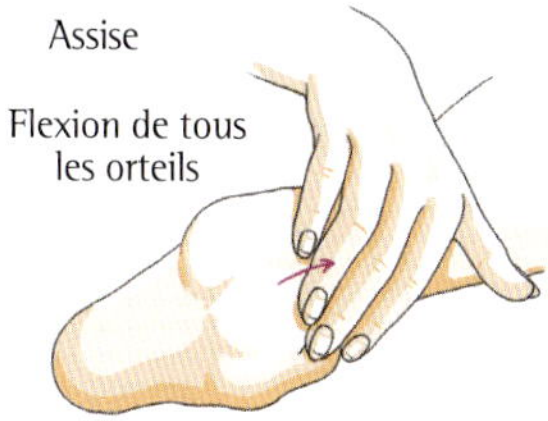

Technique 1

Faire 4 ramenés des orteils vers les tibias avec les mains. Maintenir pendant 8 secondes chaque extension maximale. À pratiquer de préférence après la douche avant de se coucher.

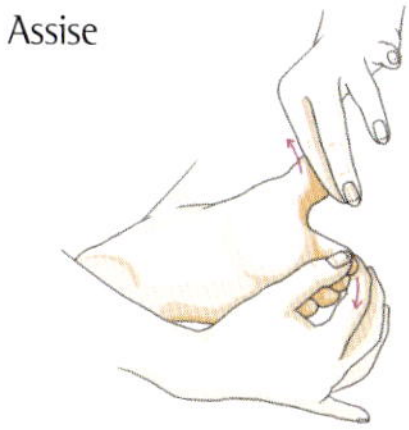

Technique 2

Écart latéral maximal des orteils avec les mains (exemple: entre le gros orteil et le premier petit orteil, puis écart des deux orteils suivants, etc.). Maintenir pendant 8 secondes chaque extension maximale.
À pratiquer de préférence après la douche avant de se coucher.

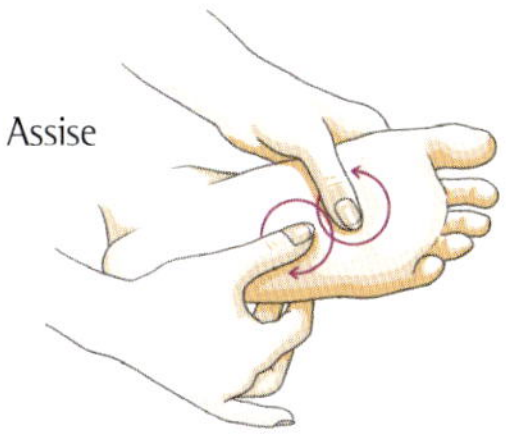

Technique 3

Massages circulaires avec les pouces de la voûte plantaire pendant 2 minutes.
À pratiquer de préférence après la douche avant de se coucher.

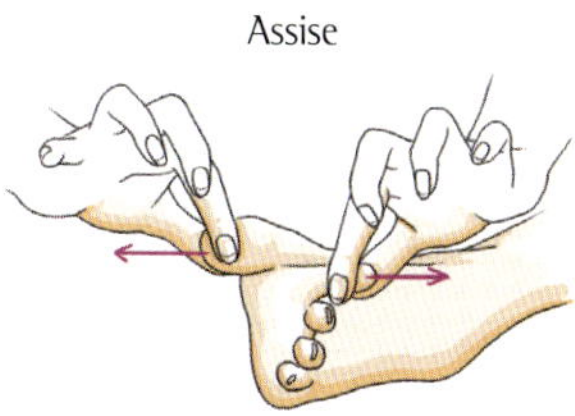

Technique 4

Écart antéro-postérieur tout en étirant au maximum les orteils avec les doigts (exemple: entre le gros orteil et le premier petit orteil, puis écart des deux orteils suivants, etc.). Maintenir pendant 8 secondes chaque extension maximale.
À pratiquer de préférence après la douche avant de se coucher.

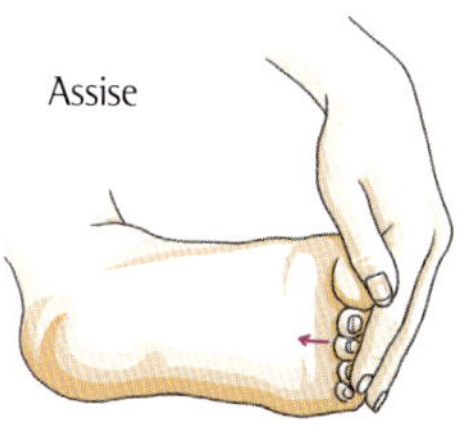

Technique 5

Faire 4 flexions de tous les orteils vers la voûte plantaire avec les mains. Maintenir pendant 8 secondes chaque extension maximale.
À pratiquer de préférence après la douche avant de se coucher.

Pour des muscles abdominaux toniques longtemps

Sachez qu'il est plus facile de muscler les abdominaux que les fessiers. En effet, le résultat est perceptible plus rapidement. Il suffit de 8 minutes par jour à raison de 2 exercices pour retonifier les abdominaux et lutter contre le ventre mou.

Les techniques proposées ci-après sont des classiques ayant fait leurs preuves depuis des années et très pratiquées également dans les centres de remise en forme étrangers (États-Unis et Angleterre notamment).

IMPORTANT :

- Tous les exercices conseillés peuvent être réalisés par des personnes ayant le dos fragile. Ils ont été choisis entre autres en fonction de ce critère.
- La couche graisseuse du ventre part plus facilement si vous vous massez le ventre régulièrement (sous la douche) et si vous respectez une hygiène alimentaire en plus d'une activité physique régulière.

Tous les coachs sont d'accord sur les 7 points suivants :

Pour obtenir un meilleur résultat :

1 Contractez vos muscles abdominaux pendant toute la durée de l'exercice.

2 Étirez bien les muscles sollicités par des techniques spécifiques de stretching ; voyez en fin de chapitre.

3 Privilégiez toujours le placement du dos et de la tête par rapport au fait de réaliser un mouvement de grande amplitude.

4 Concentrez-vous en permanence sur votre rythme respiratoire qui doit absolument être le plus régulier possible, sous peine d'arrêter le mouvement non plus en raison de la difficulté de l'exercice, mais pour cause d'asphyxie.

5 Respecter les temps de repos conseillés entre les techniques est très important.

6 Entraînez-vous à travailler sur la phase un peu douloureuse (en fin de série) afin de progresser et de retarder justement l'apparition de la douleur dans l'avenir (due à la formation de l'acide lactique).

7 Rappelez-vous qu'il est préférable de faire 3 répétitions d'un exercice que l'on trouve un peu difficile que 50 d'un mouvement où l'on ne ressent rien.

Récapitulatif de votre programme en 8 minutes maximum

Lundi

Exercice 1
Pour tonifier

Exercice 2
Pour tonifier

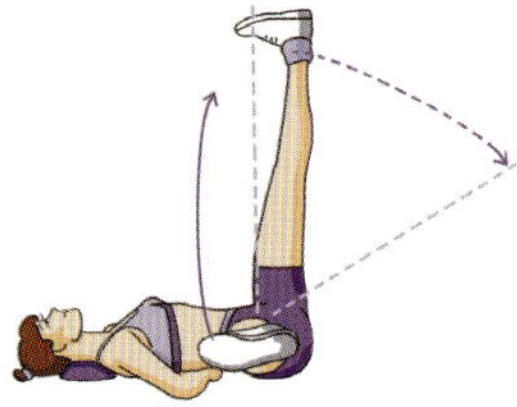

Exercice 3
Pour décontracter

Mardi

Exercice 1
Pour tonifier

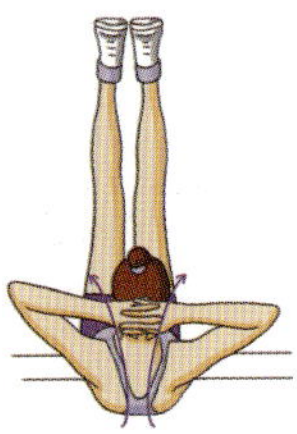

Exercice 2
Pour tonifier

Exercice 3
Pour décontracter

Mercredi

Exercice 1
Pour tonifier

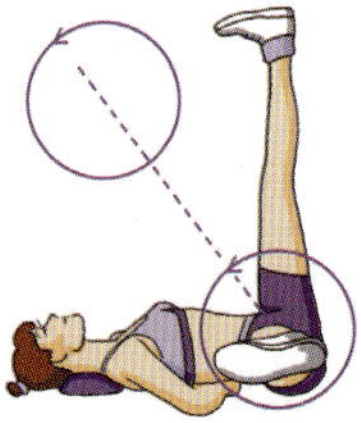

Exercice 2
Pour tonifier

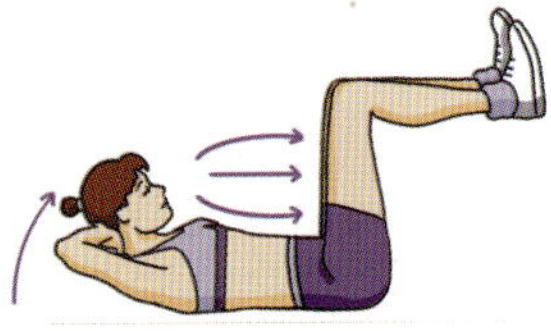

Exercice 3
Pour décontracter

Voyez les détails dans les pages suivantes.

Récapitulatif de votre programme en 8 minutes maximum

Jeudi

Exercice 1
Pour tonifier

Exercice 2
Pour tonifier

Exercice 3
Pour décontracter

Vendredi

Exercice 1
Pour tonifier

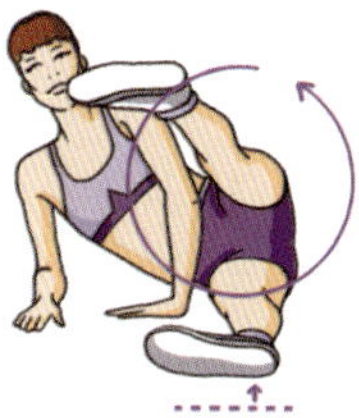

Exercice 2
Pour tonifier

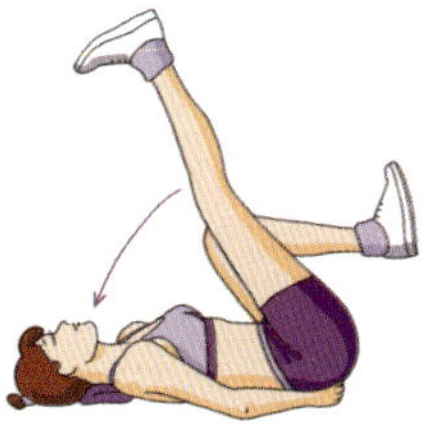

Exercice 3
Pour décontracter

Samedi

Exercice 1
Pour tonifier

Exercice 2
Pour tonifier

Exercice 3
Pour décontracter

N'oubliez pas que rien ne vous empêche de doubler les séries d'exercices proposés si vous avez plus de temps. Bon courage.

Avant de commencer votre programme, lisez bien cette page !

Bien réaliser un exercice pour les abdominaux, c'est tenir compte des précisions ci-dessous.

Consignes du coach :

- Regardez bien vers le haut.
- Ayez en permanence le dos bien droit.
- Conservez le ventre rentré et contracté durant l'action.
- Les doigts doivent être entrelacés derrière la nuque sans tirer sur celle-ci.
- Gardez la tête levée.
- Étirez les coudes au maximum vers l'arrière.
- Expirez par la bouche sur l'effort.
- Mettez les pieds en flexion.
- Ayez les jambes tendues.

Le point important :

- La zone lombaire doit toujours être en contact avec le sol.

Exemple de réalisation d'une technique pour raffermir les abdominaux

Action des jambes et du buste pour un exercice type de base abdominal.

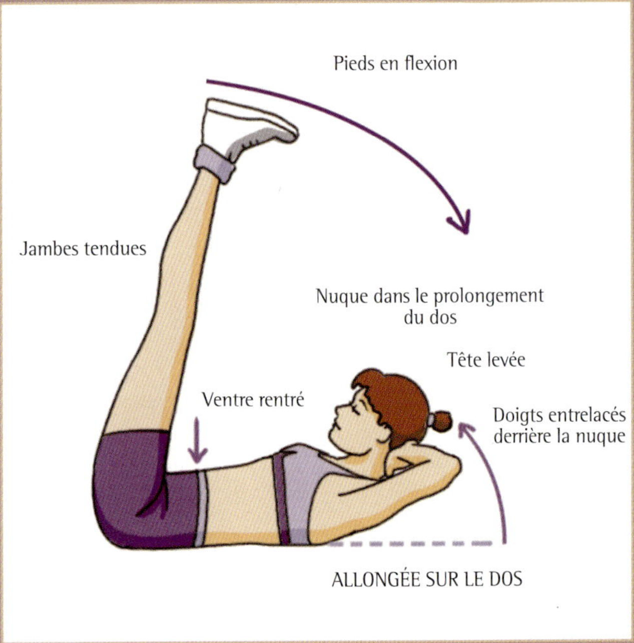

Petit rappel

Le nombre de répétitions indiqué pour la réalisation des exercices est le minimum. N'hésitez pas à l'augmenter au fur et à mesure de votre entraînement.

L'alimentation du sportif

Première règle: les repas doivent être pris 3 ou 4 heures avant la séance d'entraînement afin d'éviter la digestion au moment de l'effort.
La seconde consiste à consommer une alimentation adaptée à l'effort à fournir. La ration journalière est en général composée de quatre repas et comporte, suivant l'intensité de l'effort, 3000 à 4000 calories, avec 55 % de glucides, 30 % de lipides et 15 % de protides, le tout complété par un à deux litres d'eau légèrement additionnée de jus de fruits frais.

Exemples de repas diététiques pour un sportif:
- Petit déjeuner: un bol de thé ou de café léger, biscottes ou pain complet, beurre ou céréales complètes, un œuf à la coque.
- Déjeuner: crudités, poisson grillé, pâtes, yaourt, fruit.
- Goûter: pomme, yaourt, pain complet.
- Dîner: potage, viande blanche, légumes cuits variés, compote.

Si l'effort est vraiment important, consommez plutôt le soir des glucides lents (riz, pâtes, pommes de terre).
Après l'entraînement, il est essentiel de reconstituer la réserve de glycogène en privilégiant une alimentation riche en glucides et de boire des boissons très minéralisées.

Les apports journaliers conseillés en vitamines

Vitamine A	1,5 mg	15 g de beurre 2 œufs
Vitamine B1	2 mg	150 g de viande de porc 180 g de lentilles cuites
Vitamine B2	2 mg	100 g de pain complet 100 g de champignons
Vitamine B3	20 mg	200 g de pommes de terre cuites 150 g de poulet
Vitamine B5	15 mg	100 g de foie de veau 200 g de chou-fleur cuit
Vitamine B6	2 mg	20 g de poireau cuit 150 g de saumon
Vitamine B8	0,1 mg	2 jaunes d'œufs 150 g de légumes secs
Vitamine B9	15 mg	200 g d'épinards cuits 100 g de fraises
Vitamine B12	2 mg	100 g de gigot de mouton 30 g de camembert
Vitamine C	75 mg	100 g de fraises 50 g de poivrons
Vitamine D	0,025 mg	50 g de maquereau 2 œufs
Vitamine E	20 mg	15 g d'huile de tournesol 200 g de salsifis
Vitamine K	4 mg	30 g de viande de veau 20 g de salade

Programme du lundi

Cette technique tonifie essentiellement le haut et le milieu des abdominaux.

Consignes du coach :

- **Doigts noués derrière la nuque.**
- **Tête levée.**
- **Coudes étirés au maximum vers l'arrière.**
- **Dos droit.**
- **Jambes semi-fléchies à la verticale.**
- **Chevilles croisées.**
- **Pieds souples.**

Le point important :

- **La région lombaire doit être bien en contact avec le sol.**

POUR S'AMUSER :
L'avocat est recommandé pour lutter contre :
A l'acné, la couperose
B la sécheresse, la couperose, les rides
C l'irritation, les rides, la dévitalisation

Réponse : B

Exercice 1
Relevés de buste

ALLONGÉE SUR LE DOS

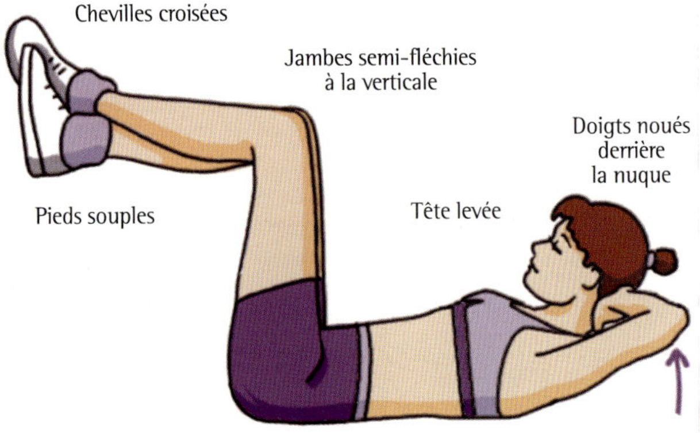

Tout faire pour avoir de belles jambes

Est-il difficile de conserver très longtemps de belles jambes ? Pas tant que ça !
Il suffit d'être prudente et de respecter certaines règles :
- éviter les bas qui serrent le haut des cuisses,
- dormir les jambes surélevées,
- éviter le soleil, les bains trop chauds, le sauna, le hammam,
- ne pas porter de chaussures à talons trop hauts,
- ne pas pratiquer de sports violents,
- opter pour une activité physique régulière et bien adaptée à vos besoins,
- privilégier les longues marches dans l'eau fraîche pendant les vacances,
- masser les jambes au moins une fois par jour avec du lait corporel.

Description :

Allongée sur le dos, les jambes croisées à la verticale : réalisez des relevés de buste.

Conseils du coach :

• Regardez toujours à la verticale afin de ne pas avoir la nuque courbée : elle doit être dans le prolongement du dos.
• Montez bien les épaules perpendiculairement au sol et non vers l'avant, même si elles se décollent peu du sol.
• Conservez bien les jambes immobiles.

Répétitions :

Faites 2 séries de 20 relevés.
Décontractez-vous une dizaine de secondes entre les séries.

Respiration :

Inspirez par le nez en redescendant le buste et expirez par la bouche en le remontant.

Rythme :

Travaillez avec régularité à votre rythme.

Pour des jambes fines, souples et galbées, n'hésitez pas non plus à faire ces trois exercices bénéfiques :
1. Debout, une main en appui sur un meuble : balancez au moins 30 fois une jambe tendue d'avant en arrière, sans bouger le reste du corps, la jambe d'appui étant semi-fléchie.
2. Allongée sur le dos, poings sous les fessiers : réalisez au moins 40 battements des jambes tendues à la verticale.
3. Allongée sur le dos, une jambe repliée : réalisez au moins 30 grands battements verticaux de l'autre jambe tendue.

N'oubliez pas les chevilles : pour les affiner, faites au moins 10 rotations dans un sens, puis dans l'autre, puis massez-les doucement en drainant bien la circulation vers le haut.

Afin de changer un peu :

• Variante 1 :
Relevez le buste à droite et à gauche en alternance.
Faites 2 séries de 20 relevés.

• Variante 2 :
Restez 4 secondes immobile à chaque relevé de buste.
Faites 2 séries de 10 relevés.
Décontractez-vous complètement pendant une vingtaine de secondes avant d'enchaîner la seconde technique.

Programme du lundi

Cette technique tonifie essentiellement le milieu et le bas des abdominaux. C'est l'exercice préféré des coachs!

Consignes du coach:

- **Pieds en flexion.**
- **Jambes tendues.**
- **Tête sur le sol (ou sur un petit coussin).**
- **Poings verticaux.**
- **Dos droit.**

Le point important:

- **Ne pas trop descendre les jambes vers le sol afin d'éviter tous risques de cambrure lombaire.**

Exercice 2

Phase 1: passage de la jambe tendue sur le côté
Phase 2: passage de la jambe tendue à l'arrière

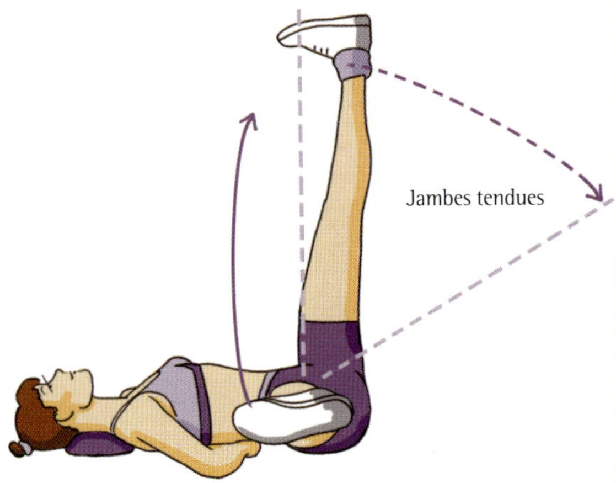

POUR S'AMUSER:
Qu'est-ce que l'aimantothérapie?
A une technique avec des plaques aimantées destinées à s'orienter pour dormir
B une méthode de relaxation
C une technique visant à soulager les maux de dos

Réponse: A

À essayer absolument: la recette universelle de la forme

Diététique:

1. Adapter toujours l'apport calorique aux dépenses.

2. Respecter les principes de l'hygiène alimentaire, par exemple en prenant un grand verre de jus de fruits fraîchement pressés le matin au réveil, en variant les fruits en fonction des saisons, en limitant à une fois par semaine les repas au restaurant dans de bons établissements.

Programme du lundi

Description :

Allongée sur le dos (doigts entrelacés derrière la nuque, buste relevé si vous désirez optimiser la technique) : réalisez des passages de jambe le plus tendue possible du côté à l'arrière.

Conseils du coach :

• Placez bien vos poings sous les fessiers, afin de sécuriser au maximum le bas de votre dos, si vous souffrez d'une fragilité lombaire.

Répétitions :

Faites 2 séries de 16 passages alternés de chaque jambe. Décontractez-vous une dizaine de secondes entre les séries.

Respiration :

Inspirez par le nez et expirez par la bouche le plus lentement possible.

Rythme :

Travaillez avec régularité à votre rythme.

Mise en condition :

1. Avoir une activité sportive de 10 minutes minimum par jour ou 1 heure par semaine.

2. Se faire masser par un professionnel au moins une fois par mois (ou mieux une fois par semaine).

3. Se déstresser avec des séances de stretching, de relaxation ou de digipuncture, afin de réapprendre à respirer.

4. Bien se préparer au sommeil en prenant un bain relaxant avant de se coucher, en changeant régulièrement sa literie et en veillant au silence nocturne.

Afin de changer un peu :

• Variante 1 :
Alternez une série de passages lents avec une série de passages rapides.
Faites 2 séries de 16 passages alternés de chaque jambe.

• Variante 2 :
Alternez 4 passages de la jambe gauche avec 4 passages de la jambe droite.
Faites 2 séries de 12 passages alternés.

Important : n'oubliez pas de faire votre technique de stretching (voir page 80) afin d'éviter d'avoir des courbatures.

Programme du mardi

Cette technique tonifie essentiellement les muscles abdominaux latéraux.

Consignes du coach :

- **Bassin touchant le mur.**
- **Pieds en flexion.**
- **Jambes tendues et serrées contre un mur.**
- **Coudes étirés au maximum vers l'arrière.**
- **Tête droite en permanence.**
- **Dos droit.**

Le point important :

- **Conservez la nuque bien droite : ne la courbez pas.**

POUR S'AMUSER :
Une des recettes naturelles pour avoir de beaux ongles consiste à les masser avec :
A de l'huile de vison
B de l'arnica
C de l'huile d'olive et du jus de carotte et de citron

Réponse : C

Exercice 1

Relevés de buste à droite et à gauche en alternance

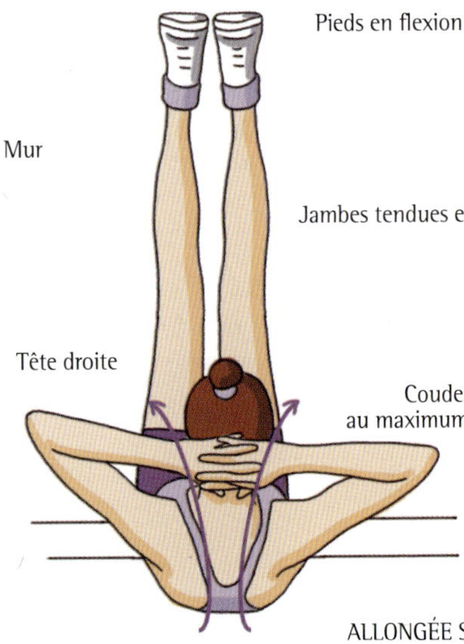

Décidez du sexe de votre enfant grâce à votre régime

Vous désirez avoir un enfant mais vous ne voulez pas laisser la nature décider pour vous de son sexe !
Il existe actuellement une méthode basée sur un régime alimentaire censé favoriser le sexe désiré. Ce concept, qui a ses défenseurs et ses détracteurs, ne comporte aucun danger à être mis en pratique.
À la suite d'expériences sur les animaux, on a constaté qu'une alimentation contenant beaucoup de sel et de potassium entraînait un taux de naissances de mâles plus important, tandis qu'un régime riche en calcium et en magnésium, mais pauvre en sodium, favorisait la naissance de femelles. Ce régime doit être suivi au moins deux mois et demi avant la grossesse.

Programme du mardi

Description :

Allongée sur le dos, les jambes serrées et tendues à la verticale en appui contre un mur : pratiquez ainsi des relevés de buste à droite et à gauche en contractant les muscles abdominaux.

Conseils du coach :

• Montez bien le buste à la verticale. Ne cherchez pas à vous redresser sur les pieds.
• Évitez de reposer la tête sur le sol à chaque fois.

Répétitions :

Faites 2 séries de 20 relevés.
Décontractez-vous une dizaine de secondes entre les séries.

Respiration :

Inspirez par le nez en redescendant le buste et expirez par la bouche en le redressant.

Rythme :

Travaillez avec régularité sur un rythme lent.

• Pour concevoir un garçon, il est conseillé de consommer : thé, café, jus de fruits, pain, fruits frais, oléagineux et secs, pommes de terre, champignons, persil, pois cassés, lentilles, céréales, riz, pâtes et de… saler beaucoup les plats. Il est en revanche déconseillé de boire du lait, de manger yaourts, noisettes, salade verte, fromage, noix, amandes, cacahuètes.
• Pour concevoir une fille, il est conseillé de consommer lait, poisson de mer, bœuf, veau, porc, agneau, poulet, œufs, yogourts, fromage, pain sans sel, haricots verts, asperges, carottes, navets, laitues, poireaux, concombres, pois, radis, ananas, pommes, mandarines, melons, fraises, confiture, sucre (en petite quantité). Il est en revanche déconseillé de boire chocolat, café, thé et de manger jambon, charcuterie, poisson congelé, crustacés, gâteaux, pêches, bananes, abricots, cerises, oranges, avocats, dattes, pruneaux, châtaignes, tomates, artichauts, champignons, céleri, maïs, fèves, pois cassés, lentilles, haricots blancs, betteraves, épinards.

Afin de changer un peu :

• Variante 1 :
Restez 4 secondes immobile sur chaque relevé.
Faites 2 séries de 10 relevés alternés.

• Variante 2 :
Décollez un talon du mur à chaque relevé.
Faites 2 séries de 10 relevés de buste.
Décontractez-vous complètement pendant une vingtaine de secondes avant d'enchaîner la seconde technique.

Programme du mardi

Cette technique tonifie fortement les muscles de la taille d'une façon inhabituelle.

Consignes du coach :

- **Tête levée.**
- **Dos droit.**
- **Jambe semi-fléchie.**
- **Pied en flexion.**
- **Genou dirigé vers l'épaule opposée.**
- **Main sur la taille.**
- **Cuisse bien dirigée vers l'épaule opposée.**

Le point important :

- **Genou le plus haut possible.**

POUR S'AMUSER :
De quel pourcentage le capital osseux augmente-t-il par an jusqu'à la puberté ?
A 12 %
B 8 %
C 21 %

Réponse : B

Exercice 2

Touché alterné du genou avec le coude opposé en contraction abdominale

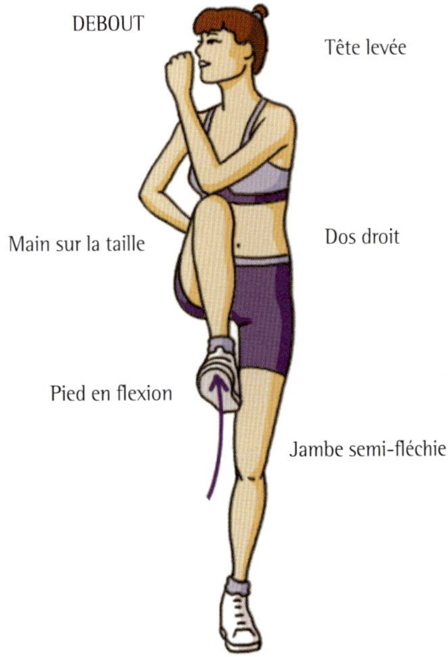

Attention à l'ostéoporose

L'ostéoporose est une maladie féminine liée la ménopause. Elle rend les os friables, ce qui augmente les risques de fractures. 40 % des femmes environ souffrent de cette maladie qui est insidieuse car elle ne se décèle pas toujours facilement.

Voici comment s'effectue le déroulement de la maladie : des cellules (les ostéoclastes) détruisent peu à peu les cellules osseuses, lorsque les cellules constructives (les ostéoblastes) ne s'activent plus suffisamment. La matière osseuse est ainsi détruite peu à peu.

Description :

Debout : faites se toucher le coude droit avec le genou gauche, puis le coude gauche avec le genou droit, en alternance, tout en contractant fortement l'ensemble de la sangle abdominale.

Conseils du coach :

- Fixez une ligne verticale si vous n'avez pas un équilibre à toute épreuve.
- Travaillez sans brusquerie lors du changement de jambe.
- Veillez à ne pas fléchir le dos vers l'avant.

Répétitions :

Faites 2 séries de 10 enchaînements (1 enchaînement = 1 touché coude droit – genou gauche + 1 touché coude gauche – genou droit).
Décontractez-vous une dizaine de secondes entre les séries.

Respiration :

Inspirez par le nez lors du changement de jambe et expirez par la bouche lors du touché.

Rythme :

Travaillez à votre rythme.

Une hormone toutefois entrave le processus destructeur : la calcitonine, produite par la thyroïde. Seulement, à la ménopause, la sécrétion d'œstrogènes s'arrête et l'ostéoporose peut alors évoluer. Il est donc conseillé de consulter son médecin à ce sujet, après 45 ans, pour faire un bilan.

Solutions : faire un traitement hormonal approprié et avoir une activité sportive régulière.

Afin de changer un peu :

• Variante 1 :
Réalisez la même technique en faisant se toucher « main gauche et genou droit » devant vous et inversement.
Faites 2 séries de 10 enchaînements alternés.

• Variante 2 :
Réalisez le même enchaînement en essayant de décoller le talon du sol en permanence.
Faites 2 séries de 8 enchaînements de chaque jambe.

Important : n'oubliez pas de faire votre technique de stretching (voir page 80) afin d'éviter d'avoir des courbatures.

Programme du mercredi

Cette technique tonifie essentiellement le bas et le milieu des abdominaux (grand droit), ainsi que les côtés (petits et grands obliques).

Consignes du coach :

- **Tête en repos sur le sol.**
- **Dos droit.**
- **Poings verticaux sous les fessiers.**
- **Une jambe tendue immobile à la verticale.**
- **Une jambe tendue active.**
- **Pieds en flexion.**

Le point important :

- **Ne pas descendre trop la jambe afin de ne pas trop solliciter la région lombaire en étirement.**

POUR S'AMUSER :
La sécrétion d'acide gastrique a pour rôle de :
A réduire la nourriture ingérée
B faciliter le transit
C détruire la plupart des bactéries et des toxines

Réponse : C

Exercice 1

Un cercle à l'arrière et un cercle sur le côté d'une jambe en alternance

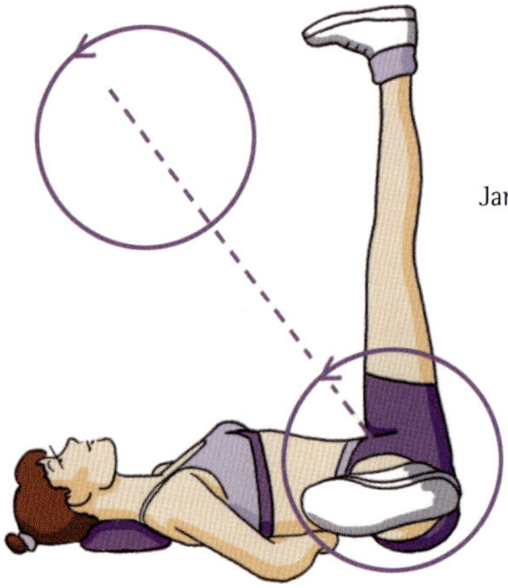

Les bienfaits de l'activité physique

- **Elle favorise l'activité sanguine.**
- **Elle améliore l'activité cardio-pulmonaire.**
- **Elle augmente la densité osseuse.**
- **Elle favorise un bon sommeil.**
- **Elle engendre de bons réflexes gestuels.**
- **Elle facilite la digestion.**
- **Elle diminue la pression artérielle.**
- **Elle renforce le système immunitaire.**
- **Elle aide à la réalisation d'une meilleure coordination.**
- **Elle diminue la fréquence cardiaque.**

Programme du mercredi

Description :

Allongée sur le dos, mains sous les fessiers (surtout si vous avez le bas du dos fragile) : élevez les jambes à la verticale, gardez une jambe le plus immobile possible et faites un cercle en alternance à l'arrière et sur le côté de l'autre jambe tendue.

Conseils du coach :

• Ne descendez pas trop la jambe à l'arrière. En revanche, vous pouvez la descendre au maximum sur le côté sans problème.
• Si vous désirez optimiser cette technique, n'hésitez pas à placer vos mains derrière la nuque et à conserver le buste relevé en permanence.

Répétitions :

Faites 2 séries de 20 cercles alternés d'une jambe dans un sens, puis 2 séries de 20 cercles alternés de l'autre jambe. Décontractez-vous une dizaine de secondes entre les séries.

Respiration :

Inspirez par le nez et expirez par la bouche avec régularité.

Rythme :

Travaillez avec régularité sur un rythme lent.

• Elle améliore les rapports sexuels.

• Elle permet un meilleur échange cellulaire et donc une bonne distribution des substances nutritives ralentissant ainsi le processus de sénescence.

• Elle favorise le transit intestinal (surtout grâce à la pratique des exercices d'abdominaux).

• Elle réduit les risques d'arthrite en conservant les articulations en bon état.

• Elle autorise des écarts de nourriture sans prise de poids.

• Elle réduit les risques de diabète en permettant une meilleure utilisation de l'insuline.

• Elle diminue les risques de crises cardiaques et engendre une amélioration du rapport entre le mauvais et le bon cholestérol.

Afin de changer un peu :

• Variante 1 :
Réalisez la même technique en alternant une série sur un rythme rapide et une série sur un rythme lent. Faites une série de 20 cercles alternés sur un rythme rapide dans un sens, suivie d'une série de 20 cercles alternés sur un rythme lent dans l'autre sens de chaque jambe.

• Variante 2 :
Réalisez la même technique en alternant un grand cercle et un petit. Faites ainsi une série de 20 cercles alternés dans un sens et une série de 20 cercles alternés dans l'autre sens de chaque jambe. Décontractez-vous complètement pendant une vingtaine de secondes avant d'enchaîner la seconde technique.

Programme du mercredi

Cette technique tonifie surtout le milieu des abdominaux (grand droit) et les côtés (petits et grands obliques) des abdominaux.

Consignes du coach:

- **Coudes étirés vers l'arrière.**
- **Doigts noués derrière la nuque.**
- **Tête levée à la verticale.**
- **Dos droit.**
- **Cuisses perpendiculaires au sol.**
- **Pieds en flexion.**
- **Mollets parallèles au sol et serrés.**

Le point important:

- **Bien regarder en permanence vers le haut, afin de ne pas courber la nuque et avoir les abdominaux contractés au maximum afin d'éviter de bouger l'ensemble du corps et même d'être déséquilibrée.**

Exercice 2

Relevés de buste: à droite, au centre, à gauche, en alternance

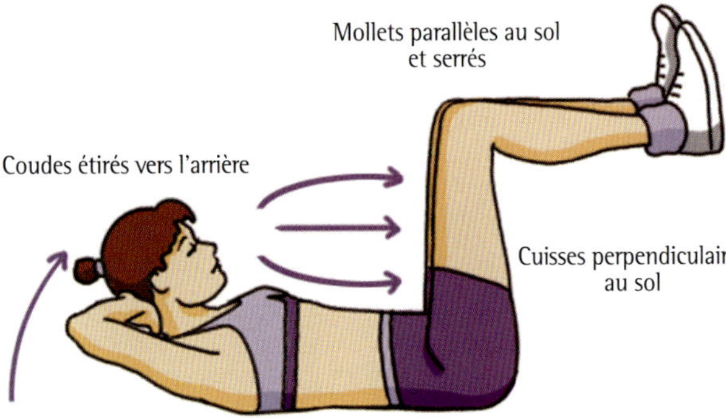

Quelques éléments à surveiller dans les produits alimentaires

• Les nitrates: on les trouve dans l'eau (en général, ils sont inférieurs à 50 mg/l) et les légumes (à cause des engrais azotés). Leur présence dans les aliments est contrôlée, mais c'est leur transformation en nitrites (à 90 %) par la présence des bactéries dans les aliments qui est préjudiciable à la santé lorsque les aliments sont laissés 24 heures à température ambiante. Il suffit de laisser les aliments à 2 °C pour stopper le processus.

• Les nitrites sont également présents, en faible quantité,

Description :

Allongée sur le dos, cuisses à la verticale : fléchissez les mollets parallèlement au sol et réalisez ainsi des relevés de buste à droite, au centre, à gauche.
Si vous avez la nuque fragile : n'hésitez pas à reposer la tête sur le sol après chaque relevé de buste.

Conseils du coach :

• Efforcez-vous de conserver les jambes le plus immobiles possible et de ne pas descendre peu à peu les mollets au fur et à mesure de la réalisation de l'exercice.

Répétition :

Faites 2 séries de 8 enchaînements (1 enchaînement = 1 relevé à droite + 1 relevé au centre + 1 relevé à gauche).
Décontractez-vous une dizaine de secondes entre les séries en réalisant des passages de droite à gauche de la tête en repos sur le sol.

Respiration :

Inspirez par le nez en redescendant le buste et expirez par la bouche en le remontant.

Rythme :

Travaillez sur un rythme lent.

Afin de changer un peu :

• Variante 1 :
Réalisez la même technique avec les jambes écartées. Faites ainsi 2 séries de 8 enchaînements.

• Variante 2 :
Écartez et serrez les jambes en alternance à chaque relevé de buste. Faites ainsi 2 séries de 6 enchaînements.

Important : n'oubliez pas de faire votre technique de stretching (voir page 80) afin d'éviter d'avoir des courbatures.

dans les viandes salées, les céréales, les jambons et les saucissons.
• Le sel est responsable de cancers de l'estomac et d'hypertension s'il est consommé d'une façon excessive.
• Les boissons trop chaudes, certaines épices, l'alcool, irritent la paroi digestive.
• La présence de pesticides dans certains aliments est nuisible à la santé, d'où une surveillance plus sévère.
• Les dérivés hormonaux ont la réputation d'accroître le risque de certains cancers (ceci concerne surtout les œstrogènes de synthèse). Maintenant, la Communauté économique européenne interdit la production de viande traitée par hormonothérapie.

POUR S'AMUSER :
Quels sont les signes généraux de l'hypermagnésémie ?
A irritabilité, fatigue chronique, insomnie
B anémie, fatigue, maux de tête
C asthénie, vertiges, troubles psychiques

Réponse : C

Programme du jeudi

Cette technique renforce la région abdominale de face (muscle grand droit).

Consignes du coach :

- **Mains touchant les orteils.**
- **Pieds en flexion.**
- **Jambe tendue.**
- **Jambe fléchie.**
- **Bras tendus.**
- **Mollet parallèle au sol.**
- **Jambe perpendiculaire au sol.**
- **Tête levée.**

Le point important :

- **Conservez les jambes parfaitement immobiles : c'est uniquement le buste qui doit s'activer.**

Exercice 1

Phase 1 : touché du pied de la jambe tendue avec les mains
Phase 2 : touché du pied de la jambe fléchie avec les mains

POUR S'AMUSER :

Quelle est la consommation hebdomadaire maximale d'œufs conseillée par les diététiciens ?

A 6
B 4
C 3

Réponse : B

Consommez sans hésitation les médicaments génériques

C'est un médicament qui présente la même composition qu'un médicament existant vendu par le laboratoire qui l'a mis au point. Il peut être vendu sous forme de comprimés, de sirop, de gélules, de granulés…
En fait, lorsqu'un laboratoire pharmaceutique dépose un brevet pour un médicament, il peut l'exploiter pendant 20 ans. Afin d'amortir le coût de la recherche relative à ce produit, son prix est élevé. Lorsque la période d'exploitation réservée est terminée, d'autres laboratoires peuvent à leur tour

Description :

Allongée sur le dos, une jambe élevée à la verticale, l'autre fléchie : touchez chaque pied avec les mains en alternance, en essayant de ne pas reposer la tête sur le sol à chaque fois (sauf si vous souffrez de fragilité cervicale).

Conseils du coach :

• Évitez le plus possible de travailler avec de l'élan, afin d'optimiser au maximum l'effet de renforcement abdominal.

Répétition :

Faites 2 séries de 15 élévations de buste alternées.
Décontractez-vous une dizaine de secondes entre les séries.

Respiration :

Inspirez par le nez en redescendant le buste et expirez par la bouche en le redressant.

Rythme :

Travaillez avec régularité à votre rythme.

fabriquer le médicament sans avoir eu de frais de recherche. Ainsi, ce produit est vendu environ 30 % moins cher que son prédécesseur.
La plupart d'entre eux portent le nom de leur molécule active suivi du nom du laboratoire. Le seul inconvénient est qu'actuellement, en France, peu sont prescrits. Cela devrait changer d'ici quelque temps car, en Allemagne et aux Pays-Bas, 40 % des médicaments vendus sont génériques. Au Royaume-Uni, ils atteignent 50 % des ventes et, au Danemark, 60 %. L'Italie s'y est mise depuis peu. La France devrait rattraper son retard petit à petit, sous l'influence de la politique européenne.

Afin de changer un peu :

• Variante 1 :
Inversez la position des jambes à chaque relevé de buste.
Faites 2 séries de 15 élévations alternées.

• Variante 2 :
Touchez l'extérieur des pieds à chaque relevé de buste.
Décontractez-vous complètement pendant une vingtaine de secondes avant d'enchaîner la seconde technique.

Programme du jeudi

Cette technique est complète pour le renforcement du haut et du bas de la région abdominale de face.

Consignes du coach :

- **Pieds en flexion.**
- **Jambes tendues et écartées l'une derrière l'autre.**
- **Dos droit.**
- **Talons l'un devant l'autre écartés de 20 cm environ.**
- **Coudes écartés au maximum.**
- **Tête levée.**

Le point important :

- **L'écart des jambes doit être constant.**

POUR S'AMUSER:
Quelle est la plante très parfumée, antiseptique, énergétique, facilitant la digestion, combattant l'aérophagie, les nausées, et même les crampes d'estomac?
A la verveine
B le thym
C la menthe

Réponse : C

Exercice 2

Ramenés simultanés des jambes et du buste

Voyagez intelligemment !

Quelques exercices à faire :
- Contractez les muscles fessiers toutes les heures, par exemple, pendant 10 minutes. Faites, par exemple, 5 répétitions de 15 contractions en vous décontractant bien entre les séries.
- Bougez le buste doucement et discrètement, un peu latéralement, afin d'étirer un peu les muscles obliques, ce qui crée une réelle détente.
- Contractez les muscles abdominaux (après avoir travaillé vos muscles fessiers par exemple) pendant 10 minutes. Faites 4 répétitions de 20 contractions abdominales.
- Contractez progressivement vos poings, les muscles de vos avant-bras, puis de vos bras. Maintenez la contraction pendant 8 secondes, avant de relâcher complètement pendant 10 secondes. À faire au moins 5 fois.

Programme du jeudi

Description :

Allongée sur le dos, les jambes tendues à la verticale, placez les pieds l'un derrière l'autre écartés d'une vingtaine de centimètres, placez les mains derrière la nuque : ramenez ainsi simultanément le buste et les jambes.

Conseils du coach :

- Évitez de travailler avec à-coups : contrôlez au maximum le « rapproché » des jambes et du buste.
- Efforcez-vous à tout prix de tendre les jambes au maximum.

Répétition :

Faites 2 séries de 20 ramenés « buste-jambes » en inversant la position des pieds lors de la seconde série.
Décontractez-vous une dizaine de secondes entre les séries.

Respiration :

Inspirez par le nez en éloignant le buste et les jambes et expirez par la bouche en les rapprochant.

Rythme :

Travaillez avec régularité sur un rythme lent.

- Croisez les bras devant vous et contractez les muscles pectoraux pendant 6 secondes avant de relâcher pendant 8 secondes. Recommencez au moins 5 fois.

Et surtout… pensez à respirer ! Inspirez tout doucement par le nez (pendant au moins 6 secondes) en prenant soin de bien gonfler la cage thoracique (rassurez-vous : cela ne se remarque pas !) et expirez sans bruit par la bouche le plus lentement possible (pendant au moins 8 secondes) en contractant bien le ventre.

Si vous voyagez en avion, n'hésitez pas à vous lever toutes les demi-heures pour éviter les fourmillements, les jambes lourdes et gonflées et pour réactiver la circulation sanguine.

Bon voyage !

Afin de changer un peu :

• Variante 1 :
Maintenez chaque « rapproché » pendant 3 secondes.
Faites 2 séries de 12 rapprochés en inversant la position des pieds lors de la seconde série.

• Variante 2 :
Alternez un « rapproché » avec les pieds en extension et un « rapproché » avec les pieds en flexion.
Faites 2 séries de 20 répétitions en inversant la position des pieds lors de la seconde série.
Décontractez-vous complètement une vingtaine de secondes avant d'enchaîner la seconde technique.

Important : n'oubliez pas de faire votre technique de stretching (voir page 80) afin d'éviter d'avoir des courbatures.

Programme du vendredi

Cette technique tonifie fortement les muscles latéraux (grand et petit obliques) et les muscles fessiers en plus.

Consignes du coach :

- Paumes sur le sol.
- Tête levée.
- Avant-bras sur le sol.
- Dos droit.
- Jambe tendue immobile décollée du sol.
- Pied en flexion dirigé vers le bas.
- Jambe active tendue en élévation.

Le point important :

- La jambe inactive doit être le plus immobile possible et décollée au moins à 10 cm du sol.

POUR S'AMUSER :
Quelle est l'abréviation du bon cholestérol ?
A LDL
B HDL
C ADN

Réponse : B

Exercice 1

Petits cercles de la jambe supérieure

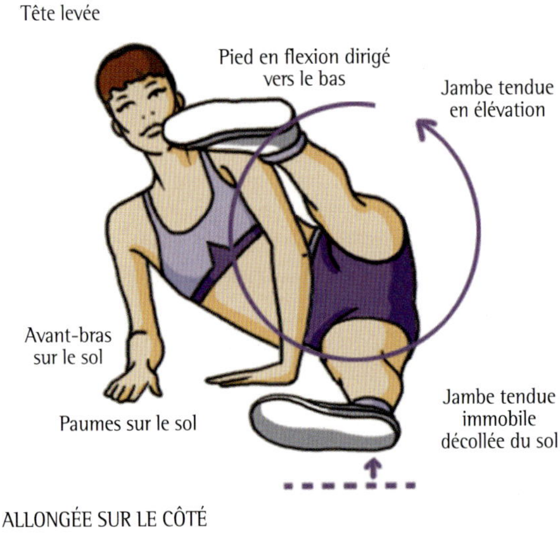

La diététique et vous, c'est aussi savoir consommer la bonne quantité de calories et de matières grasses

Enfants	Calories	Matières grasses nécessaires chaque jour
Enfant de 1 à 3 ans	1 400	45 g
Enfant de 4 à 6 ans	1 900	60 g
Enfant de 7 à 9 ans	2 200	75 g
Enfant de 10 à 12 ans	2 600	90 g
Enfant de 13 à 15 ans	2 900	100 g
Enfant de 16 à 19 ans	2 300	105 g

Description :

Allongée sur le côté, les jambes tendues à 90° avec le buste : décollez-les d'un écart de 30 cm environ et faites des cercles de la jambe supérieure en conservant l'autre immobile et décollée du sol.

Conseils du coach :

• Contractez bien vos muscles abdominaux, afin de mieux réaliser cet exercice.
• Ne faites pas des cercles trop petits pour exercer au mieux les muscles fessiers.

Répétition :

Faites 2 séries de 10 cercles dans un sens et de 10 cercles dans l'autre de chaque jambe, puis changez de côté pour activer l'autre jambe.
Décontractez-vous une dizaine de secondes entre les séries.

Respiration :

Inspirez par le nez et expirez par la bouche lentement.

Rythme :

Travaillez lentement.

Adultes	Calories	Matières grasses nécessaires chaque jour
Adulte homme sédentaire	2100	75 g
Adulte homme moyennement actif	2700	80 g
Adulte femme sédentaire	1800	70 g
Adulte femme moyennement active	2200	75 g
Adulte homme sportif	3500	115 g
Adulte femme sportive	3100	105 g

Afin de changer un peu :

• Variante 1 :
Alternez un cercle dans un sens avec un cercle dans l'autre.
Faites ainsi 2 séries de 20 cercles alternés de chaque jambe.

• Variante 2 :
Alternez un grand cercle avec un petit.
Faites ainsi 2 séries de 20 cercles alternés de chaque jambe.
Décontractez-vous complètement pendant une vingtaine de secondes avant d'enchaîner la seconde technique.

Programme du vendredi

Cet exercice est connu pour raffermir le ventre.

Consignes du coach :

- **Tête en repos sur le sol.**
- **Jambe fléchie devant la jambe tendue.**
- **Pieds en flexion.**
- **Mollet parallèle au sol.**
- **Jambe tendue à la verticale au maximum.**
- **Petit support (par exemple, une serviette roulée sous la tête).**
- **Poings perpendiculaires sous les hanches ou petit coussin glissé sous elles.**

Le point important :

- **Prenez le moins possible d'élan pour réaliser cette technique.**

POUR S'AMUSER :
Quelle est l'épice qui vient d'Océanie et qui contient un désinfectant ?
A le clou de girofle
B la muscade
C la cannelle

Réponse : A

Exercice 2
Ramenés des jambes vers le visage

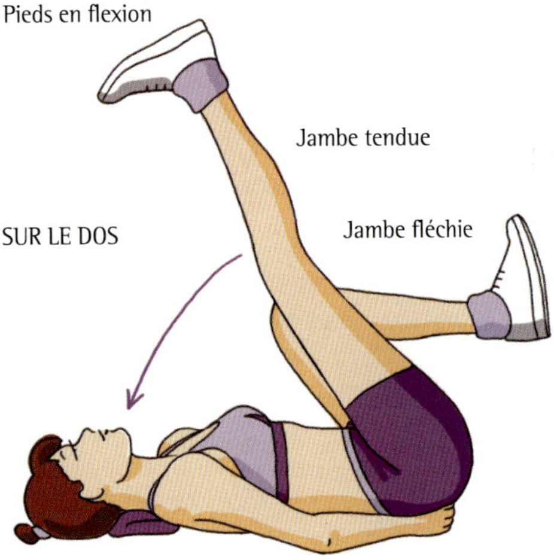

Faut-il ou non dîner suffisamment le soir ?

La réponse est: oui !
Fini le temps où l'on prenait de la salade et du yaourt maigre avant de se coucher. Les dernières expériences ont prouvé qu'on peut faire un dîner équilibré (pas pantagruélique, bien sûr) sans crainte de grossir et que, par ailleurs, trop peu se nourrir le soir entraîne chez beaucoup de personnes des troubles du sommeil.
De plus, un repas contenant peu de lipides, beaucoup de glucides complexes et un indice glycémique faible maintient le taux sanguin au niveau du sucre et évite la sensation de faim. Il faut néanmoins éviter les boissons alcoolisées et le café.

Programme du vendredi

Description :

Allongée sur le dos, poings sous les fessiers, une jambe tendue à la verticale, l'autre repliée devant elle: ramenez ainsi les jambes vers le visage.

Conseils du coach :

• Travaillez sans élan et en contractant le ventre en permanence.
• Si vous avez envie d'exercer vos muscles abdominaux encore plus intensément, n'hésitez pas à placer vos mains sous votre nuque et à conserver le buste relevé en permanence.

Répétitions :

Faites 2 séries de 20 ramenés de chaque jambe.
Décontractez-vous une dizaine de secondes entre les séries.

Respiration :

Inspirez par le nez et expirez par la bouche le plus lentement possible.

Rythme :

Travaillez sur un rythme extrêmement lent.

Si vous devez faire une activité sportive assez intense le matin, n'oubliez pas de consommer pâtes ou riz (glucides lents) la veille au dîner.
Buvez pour humecter dans l'estomac la nourriture ingérée, mais avec modération, afin de ne pas avoir à vous lever dans la nuit.
En revanche, on conseille un dîner léger incluant banane et yaourt en cas d'état dépressif.

Afin de changer un peu :

• Variante 1 :
Inversez la position des jambes tous les 4 mouvements.
Faites 2 séries de 20 ramenés de chaque jambe.

• Variante 2 :
Alternez 2 ramenés rapides avec 2 lents.
Faites 2 séries de 26 ramenés de chaque jambe.

Important : n'oubliez pas de faire votre technique de stretching (voir page 80) afin d'éviter d'avoir des courbatures.

Programme du samedi

Cette technique exerce essentiellement les muscles latéraux (grand et petit obliques), mais également celui de face. Elle présente également l'avantage de raffermir l'intérieur des cuisses.

Consignes du coach :

- **Pieds en flexion.**
- **Jambes tendues écartées au maximum.**
- **Dos droit.**
- **Coudes étirés au maximum vers l'arrière.**
- **Tête levée.**

Le point important :

- **Les jambes doivent être plutôt placées vers la poitrine, afin d'éviter tout risque de cambrure lombaire.**

POUR S'AMUSER :

Qui est responsable du tétanos ?

A une bactérie

B un virus

C un champignon

Réponse : A

Exercice 1

Élévations du buste vers les pieds gauche et droit en alternance

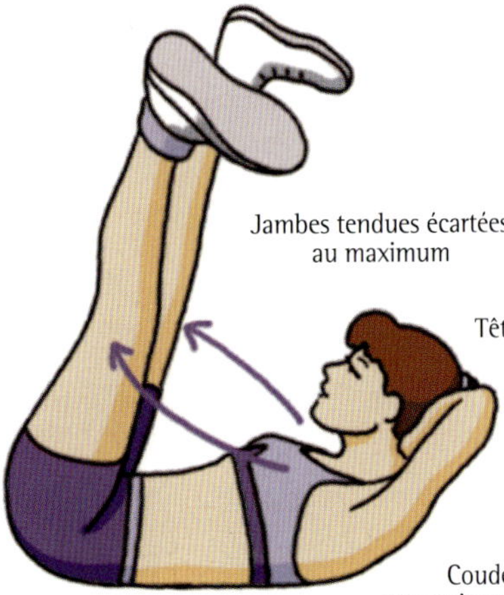

Si vous avez trop de mauvais cholestérol

Il importe :

- de diminuer l'apport nutritif riche en graisse saturée comme les viandes rouges, les fromages gras, le beurre, les gâteaux, les œufs, la mayonnaise, etc.,

- d'éviter l'alcool,

- de ne pas hésiter à manger des aliments riches en graisses insaturées (fruits oléagineux, poissons gras...).

Programme du samedi

Description :

Allongée sur le dos, élevez les jambes à la verticale, puis écartez-les au maximum : pratiquez ainsi des relevés de buste vers la jambe gauche et la jambe droite en alternance.

Conseils du coach :

• Conservez les jambes le plus immobiles possible pendant toute la durée de l'exercice.
• Ne cherchez pas à remonter le buste en courbant la nuque : celle-ci doit absolument rester dans le prolongement du corps, même si les épaules se décollent peu du sol.

Répétitions :

Faites 2 séries de 20 relevés alternés.
Décontractez-vous une dizaine de secondes entre les séries.

Respiration :

Inspirez par le nez en redescendant le buste. Expirez par la bouche en le redressant.

Rythme :

Travaillez sur un rythme lent.

Voici, à titre indicatif, la teneur en cholestérol de quelques aliments pour 100 g :
- foie : 300 mg
- poulet : 60 mg
- crabe : 125 mg
- beurre : 25 mg
- fromage : 100 mg
- lard : 95 mg

La quantité de bon cholestérol (HDL) doit être comprise entre 0,40 g/l et 0,60 g/l.

Afin de changer un peu :

• Variante 1 :
Restez 3 secondes immobile sur chaque relevé. Faites ainsi 2 séries de 10 relevés alternés.

• Variante 2 :
Relevez deux fois le buste à droite et deux fois à gauche en alternance.
Faites 2 séries de 20 relevés alternés.
Décontractez-vous complètement pendant une vingtaine de secondes avant d'enchaîner la seconde technique.

Programme du samedi

C'est un exercice classique très pratiqué par les gymnastes.

Consignes du coach :

- Tête levée.
- Coudes étirés au maximum vers l'arrière.
- Dos droit.
- Jambe tendue à la verticale et immobile.
- Pieds en flexion.
- Jambe active tendue.
- Buste relevé et immobile.

Le point important :

- Ne tirez pas sur la nuque avec les mains : c'est la partie supérieure du grand droit qui doit contribuer à maintenir le buste relevé et non la force des bras ou des mains.

POUR S'AMUSER :

Quelles sont les vitamines que l'on trouve dans les graisses appelées les liposolubles ?

A B, C

B A, B, K

C A, D, E, K

Réponse : C

Exercice 2

Passage d'une jambe devant et derrière l'autre jambe

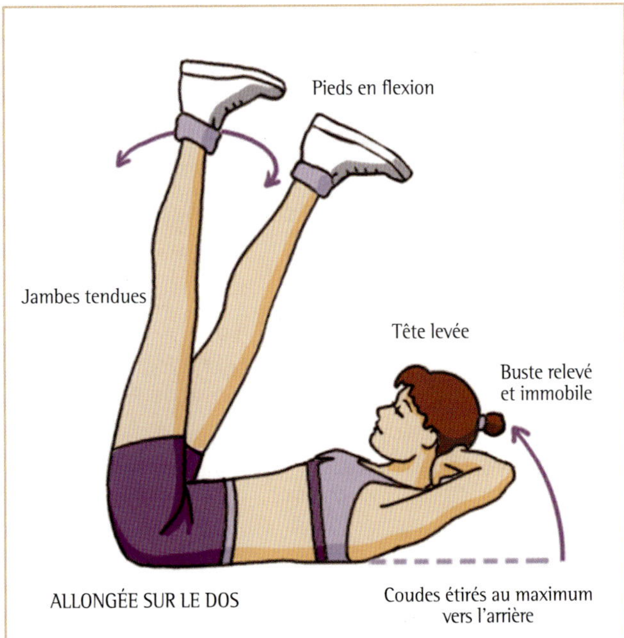

Qu'est-ce que la thalassothérapie ?

Elle propose des soins par des bains d'eau de mer.

Elle traite les personnes désirant se remettre en forme, souffrant de surpoids, de stress ou de tabagie. Elle peut aussi avoir un rôle de prévention. Toutefois, elle n'est pas recommandée aux personnes souffrant de maladies de peau, d'affections vasculaires, de dermatoses, d'affections mycologiques, d'herpès, d'eczéma, de verrues plantaires.

La thalassothérapie comprend des séances d'exercices spécifiques en piscine, de l'héliothérapie (traitement par la lumière et la chaleur solaire), de cure héliomarine, de bains en eau de mer à 34 °C. Elle apporte une réelle détente, mais s'adresse essentiellement aux bien-portants.

Elle n'est pas reconnue par la Sécurité sociale et n'a aucune reconnaissance comme structure pour la santé.

Description :

Allongée sur le dos, doigts entrelacés derrière la nuque : maintenez le buste relevé en permanence. Élevez les jambes à la verticale. Faites passer une jambe devant et derrière l'autre maintenue le plus immobile possible.

Conseils du coach :

- Ne prenez pas d'élan pour éviter tout risque de déséquilibre.
- Contractez bien le ventre sur toute la durée de cet exercice.
- Vous pouvez conserver le bassin en élévation durant toute la durée de l'exercice afin d'optimiser la technique.

Répétitions :

Faites 2 séries de 26 passages de chaque jambe.
Décontractez-vous une dizaine de secondes entre les séries.

Respiration :

Inspirez par le nez et expirez par la bouche le plus lentement possible.

Rythme :

Travaillez à votre rythme.

Qu'est-ce que le thermalisme ?

C'est l'ensemble des moyens mis en œuvre pour l'utilisation thérapeutique des eaux de source. On trouve des centres de cures thermales dans le Jura, les Pyrénées, le Massif central, les Vosges.
Leurs eaux peuvent être sulfatées, sulfurées, sodées, bicarbonatées, chlorurées. Ces dernières traitent des problèmes rencontrés en dermatologie, phlébologie, rhumatologie.
À la différence d'une cure de thalassothérapie, une cure de thermalisme est prescrite par un médecin. Elle est en général remboursée en partie par la Sécurité sociale et se déroule le plus souvent en 21 jours.
Il faut savoir que les eaux minérales consommées à leur source ont une efficacité bien plus grande que les eaux embouteillées.

Afin de changer un peu :

• Variante 1 :
Soulevez le bassin en permanence, les jambes toujours bien à la verticale. Faites (en tout) 2 séries de 20 répétitions.

• Variante 2 :
Faites passer à la suite la jambe active devant et 2 fois derrière la jambe immobile.
Faites 2 séries de 20 mouvements.
Décontractez-vous complètement une vingtaine de secondes avant d'enchaîner la seconde technique.

Important : n'oubliez pas de faire votre technique de stretching (voir page 80) afin d'éviter d'avoir des courbatures.

Exercice de stretching à pratiquer à chaque séance

Cette technique étire complètement l'ensemble de la musculature et est propice à la venue du sommeil.

Consignes du coach :

- **Poings serrés.**
- **Bras tendus et écartés.**
- **Tête en repos sur le sol.**
- **Lombaires sur le sol.**
- **Jambes tendues et écartées.**
- **Pieds en flexion.**

Le point important :

- **La région lombaire doit être bien en contact avec le sol.**

POUR S'AMUSER :
Quels sont les légumes très riches en caroténoïdes :
A le persil cru, le pissenlit cru, les tomates crues
B les endives, les blettes
C le persil cru, les endives

Réponse : A

Étirement général du corps

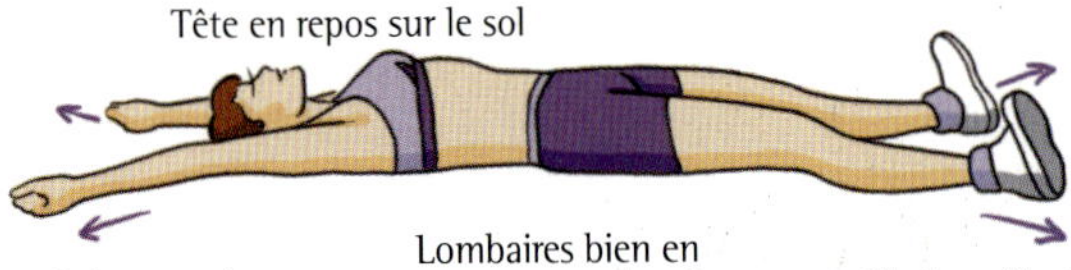

ALLONGÉE SUR LE DOS

Médicaments et prise de poids

La consommation d'antidépresseurs et de tranquillisants est parfois suivie d'une prise de poids qui n'est pas toujours prise en compte par les spécialistes. Mais prendre quelques kilos peut atteindre le moral, surtout chez la femme.
Certains médicaments donnent faim car ils diminuent le seuil de satiété. Ils peuvent également être responsables d'envie de sucreries ou de pulsions boulimiques. D'autres produits ralentissent les réflexes et la réflexion.
Une prise de poids a également été constatée à la suite d'un traitement au lithium. Les bêtabloquants, les corticoïdes, les cures intenses de calcium, certains traitements substitutifs de la ménopause, quelques anti-inflammatoires sont parfois responsables d'un surplus pondéral.

Exercice de stretching à pratiquer à chaque séance

Description :

Allongée sur le dos, jambes et bras tendus et écartés : étirez ainsi au maximum bras et jambes pendant 8 secondes.

Conseils du coach :

• Étirez-vous avec douceur et progression, en vous concentrant bien sur le mode respiratoire.

Répétitions :

Faites 2 étirements.
Décontractez-vous complètement une dizaine de secondes entre les deux postures.

Respiration :

Inspirez par le nez en gonflant la cage thoracique et expirez par la bouche en creusant le ventre.

Rythme :

Travaillez à votre rythme.

Afin de changer un peu :

• Variante 1 :
À partir de la même position, étirez la jambe et le bras gauches pendant 8 secondes. Décontractez-vous complètement pendant une dizaine de secondes avant de recommencer avec la jambe et le bras droits. Faites ainsi 2 postures en maintenant chaque étirement 3 secondes.

• Variante 2:
Étirez successivement pendant 4 secondes le bras gauche, puis la jambe droite, puis le bras droit, puis la jambe gauche. Maintenez l'étirement des 4 membres pour finir pendant 8 secondes. À recommencer 2 fois.

Les différentes sortes d'huiles

Il est important de savoir différencier les différentes sortes d'huiles alimentaires.
Par exemple, une huile vierge est obtenue par pression mécanique. Elles ne sont pas toujours consommables lors de la première pression et certaines sont pressées à froid, d'autres à chaud.
Les huiles raffinées le sont après extraction par pression avec un solvant (comme l'hexane), puis elles sont purifiées (la pulpe est ôtée, les acides gras libres sont éliminés, une décoloration et une désodorisation achèvent le raffinage).
Les huiles hydrogénées stabilisent les acides gras (qui rancissent rapidement) et résistent bien à la chaleur (pour les fritures).
La végétaline est une huile hydrogénée.

Pour des fessiers fermes durablement

Pratiquer régulièrement des exercices pour les hanches peut sembler un peu astreignant, mais le résultat est là comme motivation.

Il suffit de 8 minutes par jour à raison de 2 exercices pour retonifier les hanches et éviter tout relâchement disgracieux.

Les exercices qui vous sont proposés ci-après sont ceux pratiqués dans les cours d'abdo-fessiers et sont issus des dernières techniques actuelles…

IMPORTANT :

- Tous les exercices conseillés peuvent être réalisés par des personnes ayant le dos fragile. Ils ont été choisis entre autres en fonction de ce critère.
- Si vous désirez perdre la couche graisseuse qui recouvre vos hanches, n'oubliez pas qu'il importe, en plus des exercices spécifiques, de respecter une hygiène alimentaire.

Tous les coachs sont d'accord sur ces 6 points :

Pour obtenir un meilleur résultat :

1 N'oubliez pas de contracter le fessier concerné durant la phase active du mouvement, afin de l'optimiser.

2 Étirez bien les muscles sollicités par des techniques spécifiques de stretching ; voyez en fin de chapitre.

3 N'hésitez pas à porter aux chevilles des lests de 0,5 kg ou de 1 kg si vous trouvez que le galbe et la fermeté de vos fessiers sont insuffisants.

4 Pensez à votre mode respiratoire pendant l'effort pour ne pas vous asphyxier (on ne sait jamais…).

5 Respecter les temps de repos conseillés entre les techniques est très important.

6 Entraînez-vous à persévérer pour obtenir plus rapidement un résultat même si vous ressentez une douleur similaire à une crampe au bout de quelques répétitions.

Récapitulatif de votre programme en 8 minutes maximum

Lundi

Exercice 1
Pour tonifier

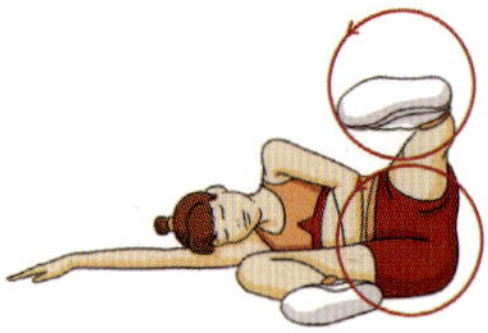

Exercice 2
Pour tonifier

Exercice 3
Pour décontracter

Mardi

Exercice 1
Pour tonifier

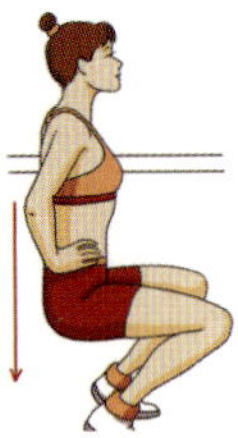

Exercice 2
Pour tonifier

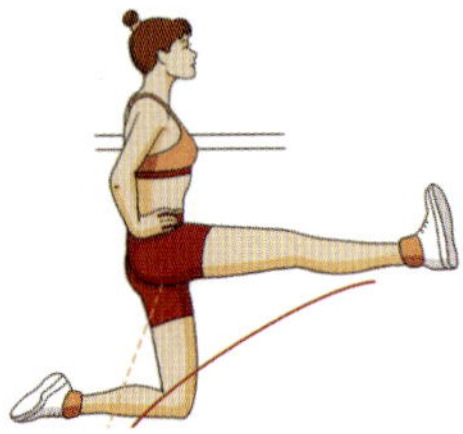

Exercice 3
Pour décontracter

Mercredi

Exercice 1
Pour tonifier

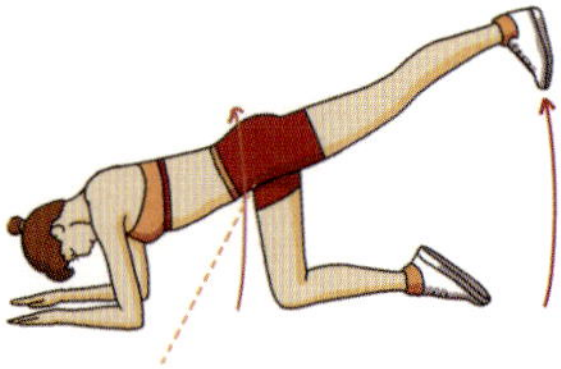

Exercice 2
Pour tonifier

Exercice 3
Pour décontracter

Voyez les détails dans les pages suivantes.

Récapitulatif de votre programme en 8 minutes maximum

Jeudi

Exercice 1
Pour tonifier

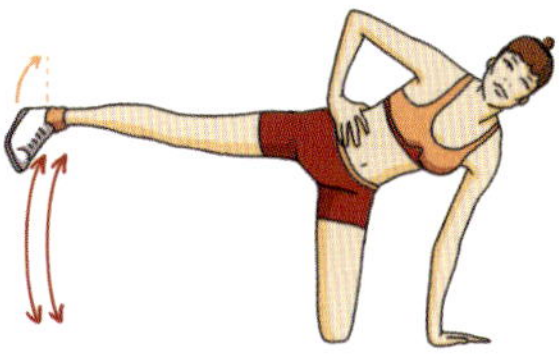

Exercice 2
Pour tonifier

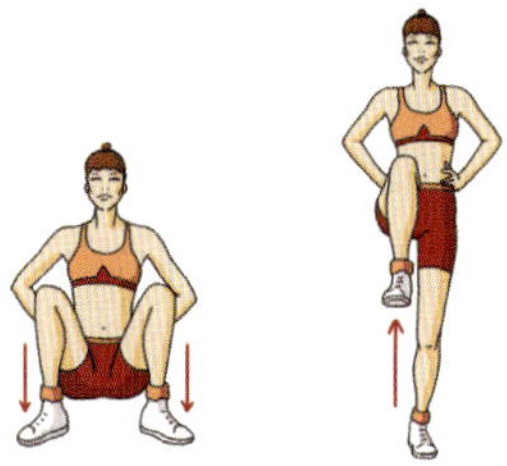

Exercice 3
Pour décontracter

Vendredi

Exercice 1
Pour tonifier

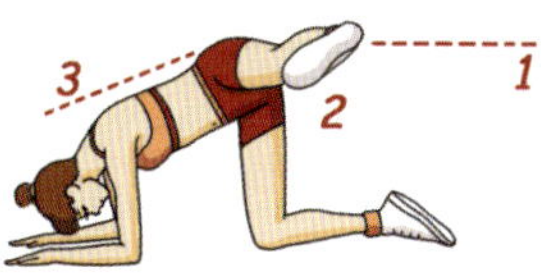

Exercice 2
Pour tonifier

Exercice 3
Pour décontracter

Samedi

Exercice 1
Pour tonifier

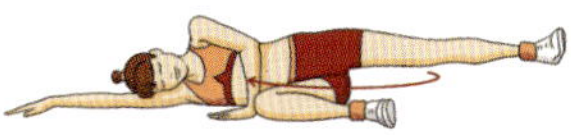

Exercice 2
Pour tonifier

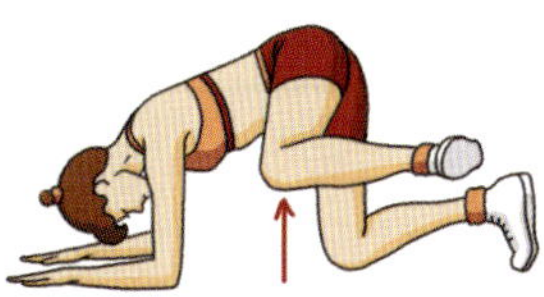

Exercice 3
Pour décontracter

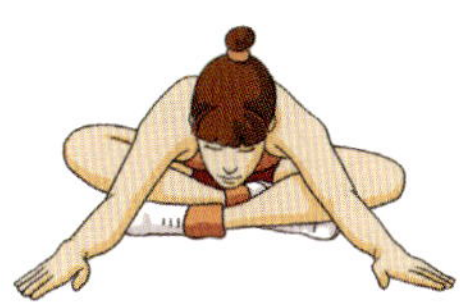

N'oubliez pas que rien ne vous empêche de doubler les séries d'exercices proposés si vous avez plus de temps. Bon courage.

Avant de commencer votre programme, lisez bien cette page!

Bien réaliser un exercice pour les muscles fessiers, c'est tenir compte des précisions ci-dessous.

Consignes du coach :

- **Le bras doit être replié devant soi afin d'éviter toute torsion dorsale.**
- **Décontractez la tête et la nuque, afin de ne pas ressentir des contractions au niveau du cou. Poser la tête sur le bras tendu ou plié est très confortable.**
- **Conservez le dos le plus droit possible.**
- **Les pieds en flexion (pour optimiser l'extension générale des jambes).**
- **Jambes et corps à 90°.**
- **Expirez par la bouche sur l'effort, c'est-à-dire en élevant la jambe.**
- **Jambe active à 45° pour bien travailler la partie voulue.**
- **Travaillez sur un rythme régulier.**

Le point important :

- **Ne soyez jamais en lordose lombaire: le dos doit être soit droit, soit arrondi.**
- **Ne fléchissez pas la jambe active pour ne pas minorer les bienfaits de la technique.**

Exemple de réalisation d'une technique pour raffermir les fessiers en position latérale

Action de la jambe supérieure (cercles, petits battements, etc.) pour un exercice type de base pour les fessiers.

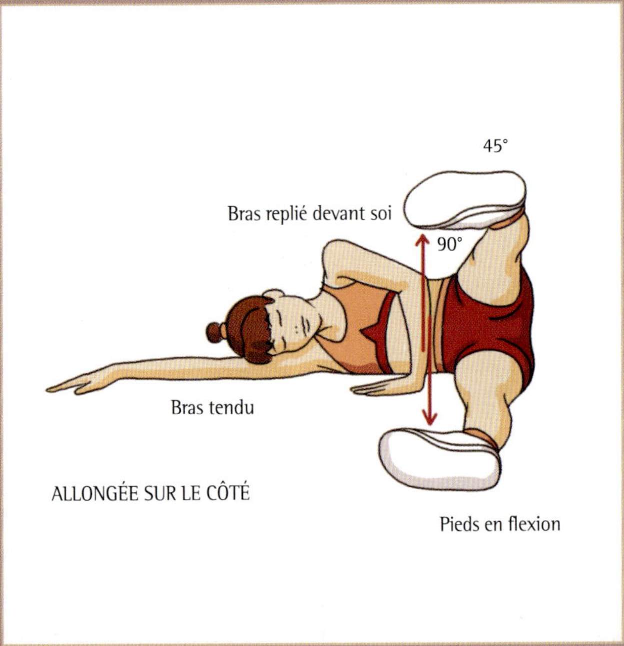

Petit rappel

Le nombre de répétitions indiqué pour la réalisation des exercices est le minimum. N'hésitez pas à l'augmenter au fur et à mesure de votre entraînement.

À savoir

Savez-vous bien marcher ?

Marcher correctement implique de :
- poser en premier le talon par terre,
- ne détendre une jambe qu'après la poussée sur les orteils,
- fléchir les orteils,
- dérouler le pied en repoussant le sol avec les extrémités,
- conserver droit le genou à l'instant du déplacement.

Cela n'est pas du tout le même positionnement que dans la course où ce sont surtout les extrémités qui provoquent la propulsion du pied. Dans le cadre de la marche, le poids du corps passe d'un pied à l'autre, aidé par le balancement des bras. Le point important est de garder en permanence le corps droit, donc de ne pas regarder vers le bas.
Le choix des chaussures est capital, le talon ne doit pas dépasser 4 cm. Les pieds doivent être exempts de corne et nourris régulièrement avec des crèmes ou des huiles, surtout si vous envisagez une longue marche.

L'idéal avant une randonnée : oindre les pieds d'un lait nourrissant, le laisser pénétrer pendant une dizaine de minutes, puis masser les pieds avec une huile corporelle en insistant entre les orteils avant de mettre deux paires de chaussettes : une fine et une plus épaisse. Vous pourrez ainsi attaquer dans de bonnes conditions une randonnée d'une… quarantaine de kilomètres. Cette méthode évite les ampoules, les échauffements et les brûlures. De même, prenez soin de vos pieds au retour, en les pliant et les détendant, en écartant les orteils le plus possible et en réalisant des rotations lentes des chevilles. Après un bon bain, n'hésitez pas à marcher sur une balle en mousse pour tonifier la voûte plantaire, puis à masser à nouveau vos pieds bien séchés.

Comment courez-vous ?

Il existe trois façons de courir : la première consiste à se déplacer sur l'avant-pied, la seconde à courir en posant le talon sur le sol et la troisième à poser le pied à plat sur le sol.
• La course avec pose de l'avant-pied concerne plutôt les sprinters qui doivent avoir une foulée extrêmement rapide et efficace. Ainsi, ce style de course met en action les muscles quadriceps, les muscles antérieurs de la cuisse et les muscles des mollets. Cette forme de déplacement est très fatigante. Elle requiert un entraînement intensif. Évitez ce positionnement de pieds pour le « jogging-détente » du dimanche matin.
• La course avec pose du talon sur le sol en premier concerne une forme de jogging moins rapide, car elle est moins puissante que la première, mais aussi… moins fatigante ! En effet, dans cette technique, les jumeaux (muscles des mollets) sont fort peu sollicités, ce sont surtout les muscles antérieurs de la jambe qui s'exercent. Aussi, si le talon percute trop violemment le sol à chaque foulée, les contraintes se répercutent au niveau de la partie antérieure de la jambe et peuvent engendrer une périostose.
• Quant à la dernière technique, c'est-à-dire du pied posé à plat, c'est une méthode très simple puisque tous les orteils et le talon du pied touchent le sol simultanément. L'inconvénient est qu'elle ne permet pas des pointes de vitesse. En revanche, elle est recommandée pour les personnes âgées ou les coureurs ayant les chevilles peu souples.

Programme du lundi

Cette technique raffermit essentiellement la partie latérale de la région fessière.

Consignes du coach :

- Tête au repos sur le bras.
- Paumes sur le sol.
- Bras tendu.
- Bras replié devant soi.
- Jambe tendue.
- Pied en flexion dirigé vers le bas.
- Jambe repliée.
- Genou près du corps.
- Pied en flexion.

Le point important :

- Dos plat.

POUR S'AMUSER :

Qu'est-ce qui équivaut au plus de calories ?

A 1 g de glucide

B 1 g de lipide

C 1 g de protide

Réponse : B

1 g de glucide ou de protide équivaut à 4 calories, alors qu'1 g de lipide équivaut à 9 calories.
Conclusion : les bonbons sont moins caloriques qu'une sauce de salade bien grasse !

Exercice 1

1 cercle en haut et 1 cercle en bas de la jambe supérieure tendue

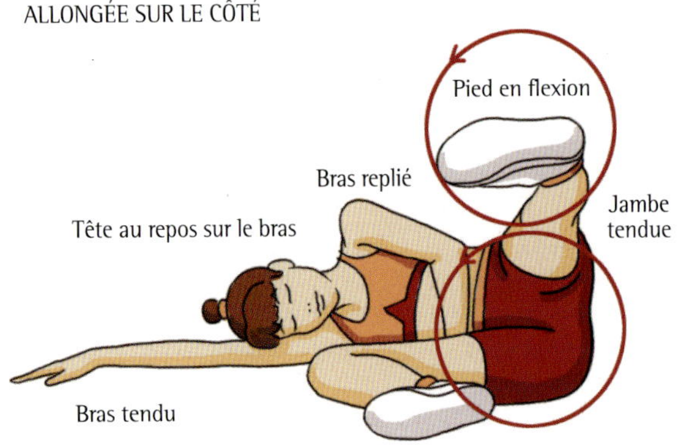

La hernie discale

Il s'agit d'une saillie du disque intervertébral en dehors des limites normales. La hernie discale survient le plus souvent entre 20 et 30 ans.
Elle concerne le disque intervertébral qui est constitué de deux parties : un noyau gélatineux central et un anneau de fibres périphériques réunissant les deux vertèbres. Si l'anneau est fissuré, le noyau s'y engage et fait saillie à l'extérieur de la colonne vertébrale, comprimant le plus souvent une racine nerveuse, voire la moelle épinière.
Les hernies surviennent généralement au niveau des lombaires. Elles atteignent plus rarement les vertèbres cervicales. Il importe ainsi de ne pas pratiquer de sports violents sans le contrôle d'un professionnel et de toujours se muscler le dos avec régularité à l'aide d'exercices spécifiques.

Description :

Allongée sur le côté, jambe tendue à angle droit avec le corps : réalisez un cercle en bas et un cercle en haut en alternance de la jambe supérieure, en ayant par intermittences (sinon cela est trop difficile) les fessiers contractés. La jambe immobile est repliée devant soi, le genou près du corps.

Conseils du coach :

• Évitez au maximum de fléchir la jambe active et d'arrondir le dos.

Répétitions :

Faites 2 séries de 20 cercles alternés dans un sens, puis dans l'autre de chaque jambe.
Décontractez-vous une dizaine de secondes entre les séries.

Respiration :

Inspirez par le nez et expirez par la bouche le plus lentement possible.

Rythme :

Travaillez avec régularité sur un rythme lent.

Afin de changer un peu :

• Variante 1 :
Marquez un temps d'arrêt en position haute de chaque cercle.

• Variante 2 :
Alternez un cercle sur un rythme rapide avec un cercle sur un rythme lent. Décontractez-vous complètement une vingtaine de secondes avant d'enchaîner la seconde technique.

Conseils pour courir

Lorsque l'on court, il importe :
- de ne pas regarder ses pieds, mais devant soi (à environ 30 mètres),
- d'avoir le buste bien droit,
- que l'angle formé par le bras et l'avant-bras soit de 90° environ,
- que les épaules, les bras et les mains soient relâchés,
- d'expirer uniquement par la bouche en n'oubliant pas de déglutir régulièrement afin de garder une humidité buccale.

Il faut éviter :
- les rotations du tronc,
- les mouvements d'avancé et de recul des épaules,
- la montée trop haute des avant-bras,
- l'élévation exagérée des genoux.

Programme du lundi

Cette technique raffermit essentiellement l'ensemble de la région fessière.

Consignes du coach :

- **Tête levée ou baissée.**
- **Dos plat.**
- **Pied en flexion.**
- **Avant-bras sur le sol et parallèles entre eux.**
- **Pied souple.**

Le point important :

- **Jambe tendue et parallèle au sol.**

POUR S'AMUSER :
Qu'est-ce que la psychophonie?
A l'étude de certains sens
B une méthode d'influence psychologique à l'aide du chant
C une thérapie par la musique

Réponse : B

Exercice 2

Passage du côté à l'arrière de la jambe tendue

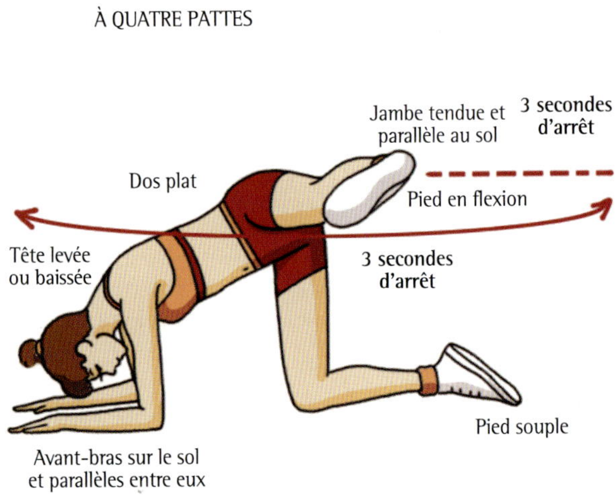

Enceinte : pas de régime !

Si vous êtes enceinte de trois mois, sachez que votre bébé mesure déjà 10 cm et qu'il pèse 45 g. Son foie est très gros et est aidé par la moelle épinière pour fabriquer les cellules sanguines. Si c'est une fille, on peut voir ses organes sexuels au niveau de l'abdomen. Quant au garçon, les organes sexuels sont formés.

Le bébé puise dans votre sang pour élaborer os et muscles et consomme beaucoup d'acides aminés et de minéraux. Il importe en conséquence de ne pas faire de régime et d'en profiter pour aller consulter un diététicien. Les carences

Programme du lundi

Description :

À quatre pattes, faites passer la jambe tendue du côté à l'arrière en marquant 3 secondes d'arrêt sur chaque position (3 secondes lorsque la jambe est sur le côté et 3 secondes lorsque la jambe est à l'arrière).
Il est possible de se mettre en appui sur une main et sur un avant-bras, si l'on trouve que la position sur les avant-bras est trop difficile.

Conseils du coach :

• Évitez absolument de descendre la jambe active : elle doit se déplacer de l'avant à l'arrière parallèlement au sol.

Répétitions :

Faites 2 séries de 15 passages « côté-arrière » de chaque jambe. Décontractez-vous complètement une dizaine de secondes entre les séries.

Respiration :

Inspirez par le nez lors du changement de position et expirez par la bouche lors de la tenue immobile de la jambe.

Rythme :

Travaillez avec régularité sur un rythme lent

Afin de changer un peu :

• Variante 1 :
Réalisez 2 battements de la jambe active tendue à l'arrière, puis 2 battements de cette jambe sur le côté en alternance.
Faites 2 séries de 16 battements en tout de chaque jambe.

• Variante 2 :
Réalisez 1 cercle de la jambe active à l'arrière et 1 cercle sur le côté en alternance.
Faites 2 séries de 10 cercles alternés dans un sens, puis dans l'autre, de chaque jambe, ce qui fait 20 cercles en tout de chaque jambe !

Important : n'oubliez pas de faire votre technique de stretching (voir page 112) afin d'éviter d'avoir des courbatures.

peuvent en effet avoir des conséquences négatives sur le développement du bébé.

Une nourriture équilibrée vous permettra de surcroît, en plus de la forme, de conserver une belle peau, une dentition, des ongles et des cheveux en parfait état !

Programme du mardi

Cette technique raffermit essentiellement la partie basse des hanches et les cuisses.

Consignes du coach :

- Tête levée et étirée vers le haut.
- Dos droit.
- Main sur la hanche.
- Ventre rentré.
- Épaules étirées vers l'arrière.
- Main en appui sur un meuble.
- Talons décollés.
- Pieds parallèles.

Le point important :

- Les cuisses doivent être le plus possible parallèles au sol.

Exercice 1

Petites flexions sur les jambes

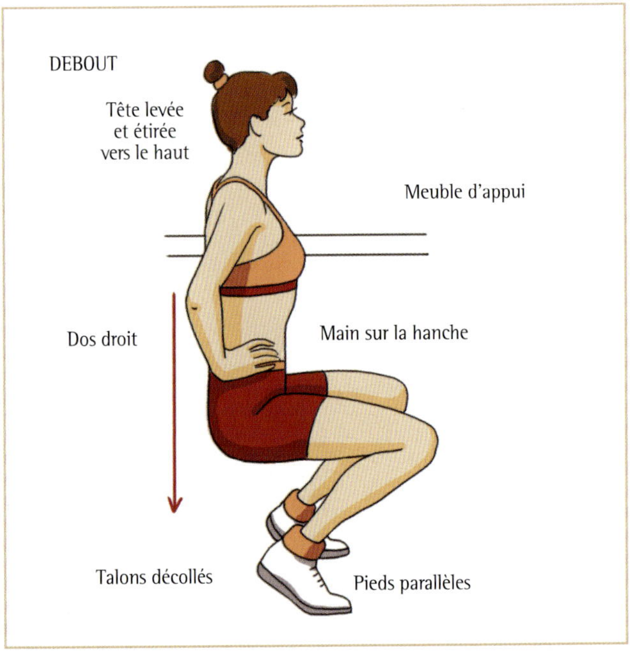

POUR S'AMUSER :

Le régime « Atkins » supprime :

A les lipides

B les glucides

C l'alcool et certains lipides

Réponse : B

Une fatigue passagère ?

Gelée royale, pollen et propolis peuvent vous redonner un peu d'énergie !

• La gelée royale est considérée comme un produit miracle depuis des décennies. Elle provient des glandes nourricières des abeilles ouvrières et est destinée à l'alimentation des larves et de la reine. Ses valeurs nutritives sont très intéressantes, même si ses propriétés de rajeunissement sont contestées. Elle a la réputation de réduire certaines allergies et d'avoir une action de contrôle du taux de cholestérol dans le sang. Elle aurait une influence bénéfique sur certains cas d'arthrite et en dermatologie. Elle renforce la résistance de l'organisme. Toutefois, il y a un inconvénient majeur : son prix !

Description :

Debout, en équilibre sur les orteils, réalisez des flexions d'amplitude moyenne sur les jambes en essayant d'avoir les cuisses parallèles au sol.

Conseils du coach :

• Fixez une ligne verticale afin d'éviter tout risque de déséquilibre.
• Ne penchez pas votre corps vers l'avant : le dos doit rester bien droit.

Répétitions :

Faites 3 séries de 10 flexions.
Décontractez-vous complètement une dizaine de secondes entre les séries.

Respiration :

Inspirez par le nez et expirez par la bouche le plus lentement possible.

Rythme :

Travaillez avec régularité sur un rythme lent.

• Le pollen, poudre que forment les grains microscopiques produits par les étamines des plantes à fleurs et dont chacun constitue un élément reproducteur mâle, est connu pour ses propriétés de renforcement du système immunitaire et pour ses facultés à réguler l'activité intestinale. Il atténuerait les marques de la vieillesse. Il n'est cependant pas recommandé à tous, car les personnes prédisposées aux allergies peuvent être sujettes à des troubles après l'avoir ingéré.

• Quant à la propolis (substance résineuse récoltée sur les bourgeons et les écorces par les abeilles pour obturer les fissures de leur ruche), elle contient également du pollen. On la recommande pour lutter contre le rhume et elle constitue, paraît-il, un antibiotique naturel de qualité. Elle peut également, à l'instar du pollen, provoquer des réactions allergiques.

Afin de changer un peu :

• Variante 1 :
Alternez 1 petite flexion avec 1 grande.
Faites 2 séries de 15 flexions.

• Variante 2 :
Réalisez des séries complètes (fessiers au ras du sol et redressement complet du corps).
Faites 2 séries de 8 flexions-extensions.
Décontractez-vous complètement une vingtaine de secondes avant d'enchaîner la seconde technique.

Programme du mardi

Cette technique raffermit à la fois la partie latérale et la partie postérieure des hanches (culotte de cheval et intérieur des cuisses).

Consignes du coach :

- Tête levée.
- Dos plat.
- Jambe sur le sol.
- Pied souple.
- Main en appui sur une chaise.
- Pied en flexion.
- Épaules étirées vers l'arrière.
- Main sur la taille.

Le point important :

- Jambe tendue.

POUR S'AMUSER :
Combien de temps en moyenne passons-nous à manger par 24 heures ?
A 120 minutes
B 180 minutes
C 90 minutes

Réponse : C

Exercice 2

Passage de la jambe du côté à l'avant et vice versa

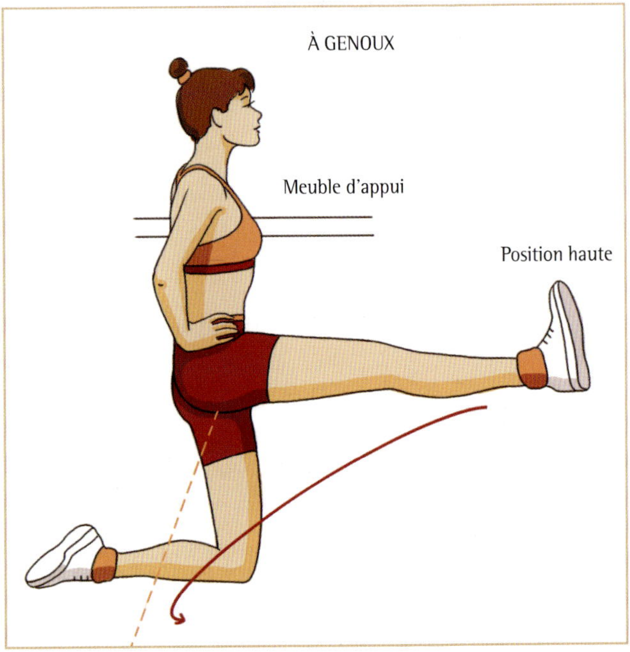

Connaissez-vous la méthode Alexander ?

Élaborée il y a un siècle, elle est la solution aux maux de dos, aux migraines, à l'arthrite et constitue la base d'un réapprentissage de la tenue du corps.

La toute première approche consiste à devenir plus conscient de soi-même, à détecter et à soulager les tensions musculaires en excès, à bouger d'une autre façon tout en conservant son énergie, à modifier son comportement, à retrouver la spontanéité des gestes de l'enfance. C'est vraiment une totale prise de conscience dans divers domaines.

Il est assez surprenant de constater l'amélioration de la façon de marcher, de se baisser, de ramasser un objet, de s'asseoir… Au bout de quelques mois de pratique, les adeptes de cette

Description :

À genoux, une jambe tendue vers le bas et sur le côté (le pied ne touchant pas le sol) : élevez-la le plus haut possible devant vous et maintenez-la 3 secondes immobile dans cette position la plus haute, avant de la redescendre à nouveau sur le côté.

Conseils du coach :

• Reposez la jambe sur le sol quand elle est sur le côté, plutôt que de ne pas la reposer et la fléchir.

Répétitions :

Faites 2 séries de 15 élévations alternées de chaque jambe. Décontractez-vous complètement une dizaine de secondes entre les séries.

Respiration :

Inspirez par le nez et expirez par la bouche en montant la jambe.

Rythme :

Travaillez avec régularité sur un rythme lent.

méthode ne sont plus décontractés superficiellement mais en profondeur.

Exemple d'exercice de la méthode d'Alexander:
1. Asseyez-vous.
2. Levez-vous normalement.
3. Asseyez-vous à nouveau.
4. Levez-vous en pensant à bouger votre tronc « d'une seule pièce » depuis les hanches (avec la sensation de tomber vers l'avant).
5. Asseyez-vous en vous penchant vers l'avant (toujours avec la sensation de tomber vers l'avant).

À essayer!

Afin de changer un peu :

• Variante 1:
Réalisez 1 petit cercle de la jambe active en position basse sur le côté et 1 petit cercle en position haute devant vous en alternance.
Faites 1 série de 10 cercles alternés dans un sens, puis 1 série de 10 cercles alternés dans l'autre de chaque jambe.

• Variante 2:
Réalisez un petit rebond de la jambe en position haute devant vous et un petit rebond en position basse sur le côté.
Faites 2 séries de 12 élévations alternées de chaque jambe.

Important : n'oubliez pas de faire votre technique de stretching (voir page 112) afin d'éviter d'avoir des courbatures.

Programme du mercredi

Cette technique raffermit les régions hautes et latérales des fessiers.

Consignes du coach :

- Tête baissée.
- Dos plat.
- Avant-bras parallèles sur le sol.
- Paumes sur le sol.
- Pied en flexion.
- Pied souple.
- Jambe fléchie sur le sol.

Le point important :

- Jambe tendue.

POUR S'AMUSER :
Quelle est, d'après les statistiques, l'augmentation moyenne de poids d'une femme entre 20 et 50 ans ?
A 15 kg
B 10 kg
C 5 kg

Réponse : B

Exercice 1

Élévation alternée de la jambe sur le côté et à l'arrière

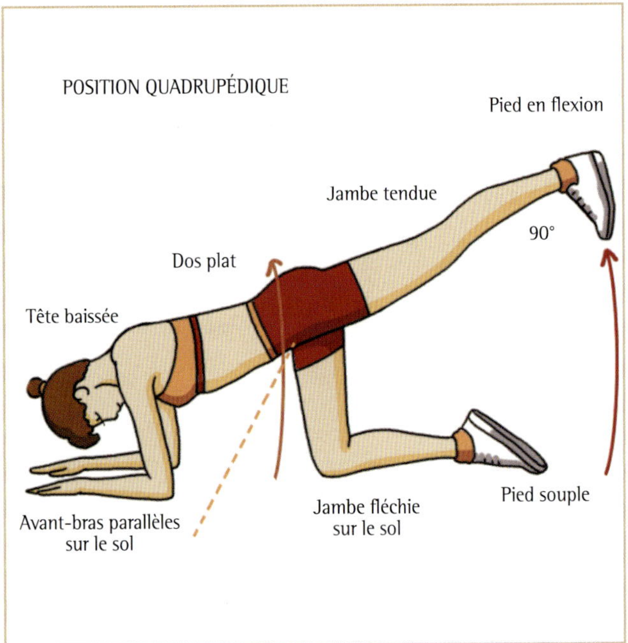

Les injustices des dépenses énergétiques

Le corps d'une femme au repos dépense 10 % d'énergie de moins qu'un homme (les hommes ont une constitution musculaire plus importante). La solution ? Augmenter sa masse musculaire en pratiquant un peu d'exercice quotidien.
La dépense énergétique basique (dépense nécessaire à la respiration, au foie, aux battements cardiaques, aux reins, à la circulation, etc.) est d'environ 25 calories par kilo par jour pour un adulte. Ainsi, une personne ayant 50 % du poids de son corps sous forme de muscles consomme presque 30 % du métabolisme de base pour l'entretien de cette masse musculaire.

Programme du mercredi

Description :

À quatre pattes, élevez une jambe tendue :
- sur le côté,
- à l'arrière,

en contractant l'ensemble des muscles fessiers.

Conseils du coach :

• Évitez de trop redescendre la jambe active entre chaque élévation.
• Veillez à conserver le dos plat et à ne pas vous cambrer.

Répétitions :

Faites 2 séries de 20 élévations alternées de chaque jambe. Décontractez-vous complètement une dizaine de secondes entre les séries.

Respiration :

Inspirez par le nez et expirez par la bouche sur une des élévations de la jambe active.

Rythme :

Travaillez avec régularité sur un rythme lent.

Chaque kilo de muscle peut donc demander une dépense de 18 calories par jour. Évidemment, plus on est grand et musclé, et plus on en dépense.

Conclusion : en dormant, un homme dépense beaucoup plus de calories qu'une femme de constitution normale ! D'où l'intérêt d'augmenter peu à peu sa masse musculaire avec un entraînement personnalisé approprié et de chercher à faire diminuer la masse graisseuse. La course à pied, par exemple, jumelée à de la culture physique et du stretching peut être une des solutions pour obtenir rapidement un résultat esthétique musculaire, sans oublier le bénéfice au niveau de la forme !

Afin de changer un peu :

• Variante 1 :
Maintenez immobile la jambe vers l'arrière, puis sur le côté, en position haute, durant 4 secondes. Faites 2 séries de 10 élévations maintenues alternées de chaque jambe.

• Variante 2 :
Élevez 2 fois la jambe tendue vers l'arrière, puis 2 fois la jambe fléchie sur le côté.
Faites en tout 2 séries de 20 élévations alternées de chaque jambe.
Décontractez-vous complètement une vingtaine de secondes avant d'enchaîner la seconde technique.

Programme du mercredi

Cette technique raffermit essentiellement les parties basses et hautes des fessiers.

Consignes du coach :

- **Tête baissée.**
- **Dos plat.**
- **Bras tendus.**
- **Main à plat sur l'appui.**
- **Cuisse parallèle au sol.**
- **Mollet perpendiculaire.**
- **Pied en flexion.**

Le point important :

- **Jambe d'appui semi-fléchie.**

Exercice 2

Élévation arrière de la jambe

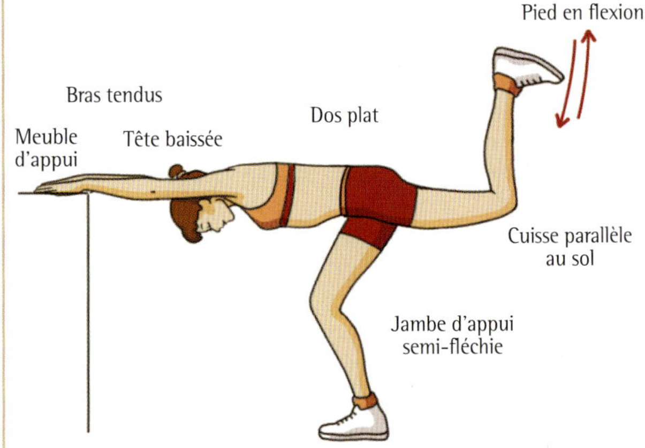

Les problèmes aux pieds

Regardez vos pieds. Peut-être sont-ils creux, c'est-à-dire trop courbés. Le pied creux peut être dû à une lésion neurologique (paralysie musculaire, par exemple), mais le plus souvent sa cause reste inconnue.
Au début, le pied est souple et ces déformations peuvent être facilement corrigées par des semelles orthopédiques et une rééducation. Plus tard, lorsque le pied devient raide et que les os sont déformés, le traitement est chirurgical.
L'intervention la plus fréquente consiste à raccourcir les métatarsiens (tarsectomie) et à bloquer les articulations du sommet de la voûte plantaire (arthrodèse).

POUR S'AMUSER :
Quelle plante contient beaucoup d'antioxydants ?
A la courgette
B l'épinard
C le gingembre

Réponse : C

Programme du mercredi

Description :

Debout, fléchissez le buste en avant en prenant appui avec les mains sur un meuble.
Élevez ainsi une jambe fléchie à l'arrière.
Réalisez de petits battements en marquant un temps d'arrêt de 5 secondes tous les 4 battements tout en contractant les fessiers.

Conseils du coach :

- Veillez à conserver la jambe d'appui parfaitement immobile.
- L'angle entre le mollet et la cuisse doit être constant.

Répétitions :

Faites 2 séries de 15 répétitions de chaque jambe.
Décontractez-vous complètement une dizaine de secondes entre les séries.

Respiration :

Expirez par la bouche sur une des montées de jambe.

Rythme :

Travaillez avec régularité sur un rythme lent.

Les risques potentiels du sport…

Avant toute pratique sportive, il est indiqué de consulter un médecin. Il n'existe donc pas de risque puisque le praticien indiquera les sports à éviter ou les contre-indications concernant ceux que l'on désire faire.
Par ailleurs, on n'est pas à l'abri d'une crampe (causée souvent par un excès d'entraînement engendrant une perte de sodium ou par des chaussures mal adaptées), d'ampoules ou d'une déchirure musculaire (beaucoup plus rare).
Mais évitez absolument de vous entraîner après un repas copieux, en réalisant de violents efforts physiques, car cela est dangereux ! Quant aux arrêts cardiaques : ils sont rarissimes et le plus souvent les personnes qui en sont victimes présentent une faiblesse cardiaque qui aurait occasionné le traumatisme même hors pratique sportive.

Afin de changer un peu :

• Variante 1 :
Alternez un grand battement avec un petit. Faites ainsi 2 séries de 12 répétitions de chaque jambe.

• Variante 2 :
Alternez une élévation de la jambe tendue avec une élévation de la jambe fléchie.
Faites 2 séries de 20 répétitions de chaque jambe.

Important : n'oubliez pas de faire votre technique de stretching (voir page 112) afin d'éviter d'avoir des courbatures.

Programme du jeudi

Cette technique raffermit essentiellement la partie extérieure des fessiers (culotte de cheval) et l'intérieur des cuisses.

Consignes du coach :

- **Tête levée.**
- **Dos droit.**
- **Épaules étirées vers l'arrière.**
- **Bras tendu.**
- **Main en appui sur le sol.**
- **Main sur la hanche.**
- **Cuisse perpendiculaire au sol.**
- **Tibia sur le sol.**
- **Pied souple.**
- **Jambe tendue.**
- **Pied en flexion.**

Le point important :

- **La main sur le sol, le genou en appui et la jambe tendue doivent être sur une même ligne.**

POUR S'AMUSER :

Qu'est-ce que faire un sprint ?

A courir le plus vite possible sur 20 ou 40 m

B courir le plus vite possible sur 200 m

C courir le plus vite possible sur 110 m

Réponse : A

Exercice 1

En alternance :
2 élévations latérales de la jambe tendue avec le pied dirigé vers le bas
2 élévations latérales de la jambe tendue avec le pied dirigé vers le haut

À GENOUX

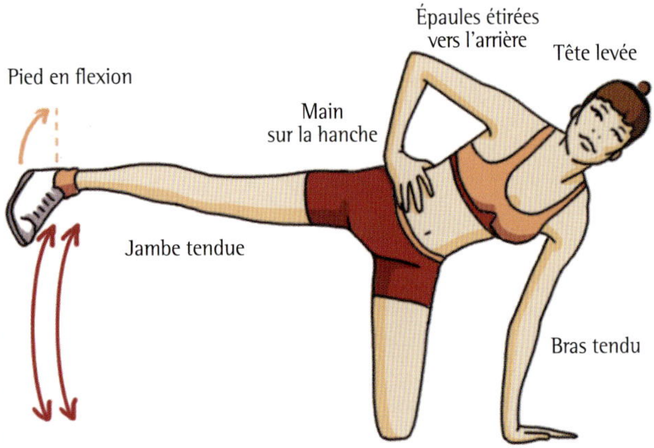

Réapprendre à connaître ses biorythmes

Ils constituent l'ensemble des cycles qui régissent notre vie. Ils regroupent le cycle de santé qui dure vingt-trois jours, le cycle intellectuel qui dure trente-trois jours et le cycle émotionnel qui dure vingt-huit jours.

Les cycles biorythmiques comprennent une part d'énergie positive, une part d'énergie négative, ainsi qu'une phase intermédiaire.

Programme du jeudi

Description :

À genoux, basculez sur le côté et élevez la jambe latéralement. Alternez ainsi 2 élévations de la jambe tendue avec le pied dirigé vers le bas et 2 élévations de la jambe tendue avec le pied dirigé vers le haut.

Conseils du coach :

• Veillez à réaliser des mouvements sur un rythme et une amplitude identiques.
• Attention également à ne pas vous cambrer : mieux vaut faire une rétroversion du bassin (pousser le pubis vers l'avant).

Répétitions :

Faites au total 2 séries de 20 petites élévations alternées. Décontractez-vous complètement une dizaine de secondes entre les séries.

Respiration :

Inspirez par le nez et expirez par la bouche sur un rythme lent.

Rythme :

Travaillez à votre rythme.

Le biorythme, terme utilisé dans beaucoup de magazines féminins, est défini en tant que variation périodique d'un phénomène physiologique.

Tous les êtres vivants sont réglés en fonction des biorythmes qui obéissent à des mécanismes endogènes (internes à l'organisme), comme la sécrétion de certaines hormones, ou exogènes (extérieurs à l'organisme), comme le cycle jour/nuit dont dépend le rythme du sommeil.

Afin de changer un peu :

• Variante 1 :
Alternez un cercle de la jambe avec le pied dirigé vers le haut et un cercle avec le pied dirigé vers le bas.
Faites 2 séries de 20 cercles alternés de chaque jambe.

• Variante 2 :
Élevez 2 fois la jambe tendue sur le côté avec le pied dirigé vers le haut, puis élevez 2 fois la jambe tendue devant vous, avec le pied dirigé vers le bas.
Faites 2 séries de 20 élévations alternées (en tout) de chaque jambe. Décontractez-vous complètement une vingtaine de secondes avant d'enchaîner la seconde technique.

Programme du jeudi

Consignes du coach :

- **Tête levée.**
- **Dos droit.**
- **Jambes écartées.**
- **Épaules étirées vers l'arrière.**
- **Mains sur les hanches.**
- **Pieds en ouverture.**
- **Jambe d'appui semi-fléchie.**
- **Pied en flexion.**
- **Pied en appui sur le sol.**

Le point important :

- **Fessiers à 10 cm du sol lors de la phase 1.**

POUR S'AMUSER :
Les hormones sont sécrétées par :
A les muscles
B les organes
C les glandes endocrines

Réponse : C

Exercice 2

En alternance, 2 petites flexions accroupies et 2 élévations du même genou

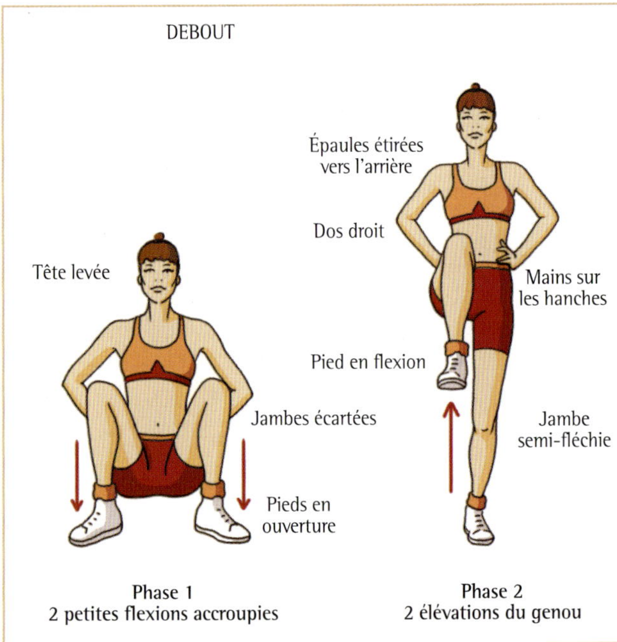

Avec le temps, on dépense moins... de calories !

C'est une évidence : le métabolisme de base diminue avec le temps et, ainsi, les dépenses du corps sont moindres. Et si, en vieillissant, la masse musculaire est moindre, faute de pratique sportive, la consommation d'énergie est encore plus faible. En effet, une personne musclée consomme 18 calories par kilo de muscle et par 24 heures. Le fait de digérer nécessite aussi une dépense d'énergie, notamment si le repas est riche en protéines.

Programme du jeudi

Description :

Debout, faites :
- phase 1 : 2 petites flexions accroupies,
- phase 2 : 2 élévations du même genou en position debout (en changeant de genou à chaque relevé du corps).

Conseils du coach :

- Tenez-vous en posant la main sur un meuble si vous craignez de manquer d'équilibre.
- Évitez de pencher le buste vers l'avant.

Répétition :

Faites 2 séries de 8 enchaînements (1 enchaînement = 2 petites flexions accroupies + 1 élévation du corps en montant 2 fois le genou gauche + 2 petites flexions accroupies + 1 élévation du corps en montant 2 fois le genou droit). Décontractez-vous complètement une dizaine de secondes entre les séries.

Respiration :

Inspirez par le nez en descendant le corps et expirez par la bouche en le redressant.

Rythme :

Travaillez à votre rythme.

L'erreur consiste donc à maintenir le même apport calorique avec des dépenses qui diminueront un peu chaque année. Il convient donc d'être vigilante et de diminuer un peu votre apport calorique journalier en augmentant chaque jour un peu les dépenses physiques, en montant plus de marches ou en augmentant votre durée d'entraînement de culture physique, par exemple !

Afin de changer un peu :

• Variante 1 :
Réalisez les 2 élévations du genou en équilibre sur les orteils du pied d'appui (vous pouvez bien sûr vous tenir).
Faites ainsi 2 séries de 6 enchaînements.

• Variante 2 :
Réalisez les 2 élévations avec la jambe non plus pliée devant vous, mais tendue.
Faites ainsi 2 séries de 6 enchaînements.

Important : n'oubliez pas de faire votre technique de stretching (voir page 112) afin d'éviter d'avoir des courbatures.

Programme du vendredi

Cette technique raffermit toute la masse fessière. C'est vraiment un exercice complet !

Consignes du coach :

- **Tête baissée.**
- **Nuque droite.**
- **Dos plat.**
- **Bras perpendiculaires au sol.**
- **Paumes de mains sur le sol.**
- **Pied en flexion.**
- **Cuisse perpendiculaire au sol.**
- **Pied souple.**

Le point important :

- **Jambe tendue.**

POUR S'AMUSER :
Que sont les « caroténoïdes » ?
A des éléments nutritifs propres aux carottes
B les substances responsables de la coloration des légumes
C le nom scientifique des carottes

Réponse : B

Exercice 1

Élévation et maintien de la jambe tendue à l'arrière, sur le côté, vers l'épaule en maintenant chaque pose 3 secondes

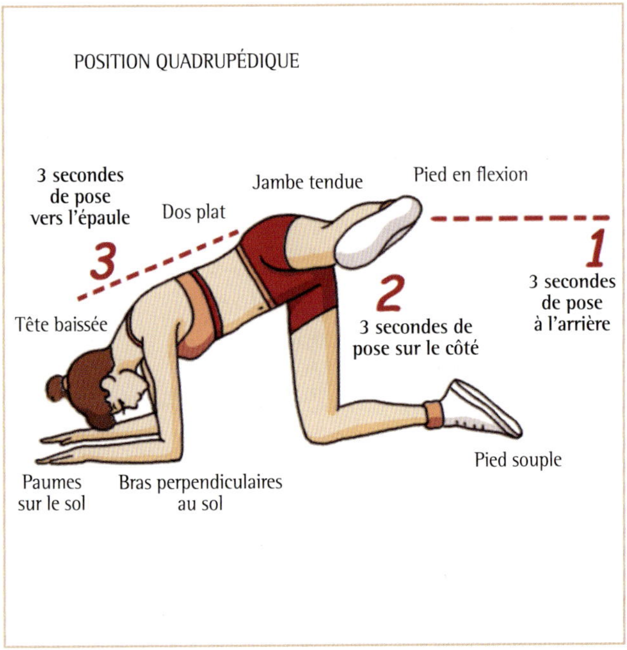

S'activer afin de préserver son capital musculaire

En vieillissant, les muscles fondent (sarcopénie). Cette altération concerne essentiellement les fibres rapides (dont le nombre et le diamètre diminuent avec l'âge). Dès 30 ans, ce phénomène se manifeste.
Ainsi, un homme de 20 ans possède 45 % du poids de son corps sous forme de muscles, alors qu'à 70 ans, il n'en compte plus que 27 %.

Programme du vendredi

Description :

En position quadrupédique : élevez successivement la jambe à l'arrière, sur le côté, puis le plus près possible de l'épaule, en extension maximale, en la maintenant le plus haut possible pendant au moins 3 secondes.

Conseils du coach :

• Contractez au maximum l'ensemble des muscles fessiers sur les temps de pose.
• Veillez à ne pas descendre progressivement la jambe au fur et à mesure de la durée de l'exercice : elle doit toujours être parallèle au sol.

Répétitions :

Faites 1 série de 10 enchaînements (1 enchaînement = 1 élévation arrière + 1 élévation sur le côté + 1 élévation près de l'épaule) de chaque jambe.
Décontractez-vous complètement une dizaine de secondes entre les séries.

Respiration :

Inspirez par le nez lors du changement de jambe et expirez par la bouche lors du maintien de la jambe.

Rythme :

Travaillez avec régularité sur un rythme lent.

Les muscles forment des sortes de réserves internes de protéines. Ainsi l'organisme puise dans la masse musculaire si l'apport nutritif protéinique est insuffisant.
Un bon entraînement physique régulier et une alimentation équilibrée semblent actuellement la seule solution pour enrayer la sarcopénie.
Si la personne est âgée, un kinésithérapeute ou un coach spécialisé peut bénéfiquement être le « moteur intelligent » de l'activité physique, en plus d'une demi-heure de marche quotidienne.

Afin de changer un peu :

• Variante 1 :
Réalisez le même exercice avec la jambe semi-fléchie. Faites 1 série de 10 enchaînements de chaque jambe.

• Variante 2 :
Réalisez le même exercice sans temps de pose. Faites 1 série de 20 enchaînements de chaque jambe. Décontractez-vous complètement une vingtaine de secondes avant d'enchaîner la seconde technique.

Programme du vendredi

Cette technique exerce essentiellement les parties latérales et centrales de la région fessière.

Consignes du coach :

- **Tête levée.**
- **Dos droit.**
- **Bras semi-fléchi ou tendu.**
- **Épaules étirées vers l'arrière.**
- **Pied en flexion.**
- **Jambe d'appui semi-fléchie.**
- **Pied parallèle à l'appui.**

Le point important :

- **Jambe d'action tendue.**

POUR S'AMUSER :
Qu'appelle-t-on nutriments ?
A les micro-éléments des protéines
B les substances alimentaires modifiées par l'organisme
C les éléments constitutifs des aliments

Réponse : C

Exercice 2

Élévations alternées de la jambe tendue devant soi et sur le côté

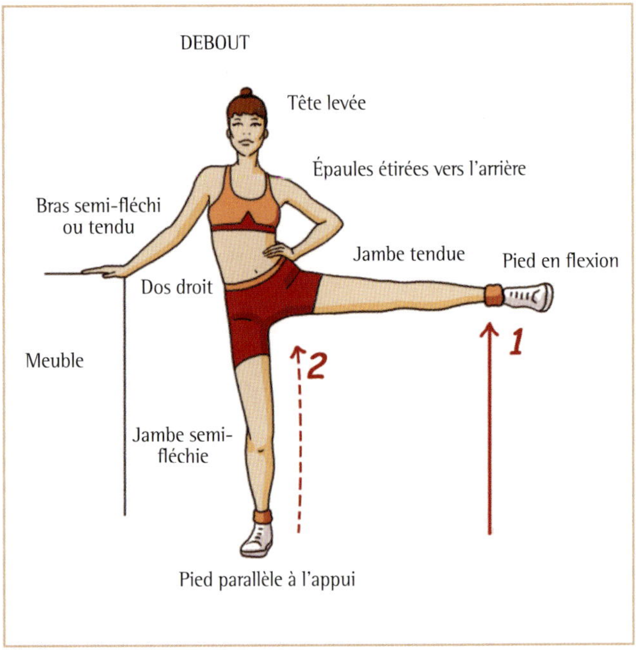

Prendre soin de son corps et ne pas l'intoxiquer !

Vous êtes fumeuse ? Peut-être ces quelques lignes vous convaincront-elles d'arrêter de fumer par n'importe quel moyen. Le tabac est responsable de 30 % des cancers du larynx, des poumons, des bronches, de l'œsophage, de la langue, etc. Il peut également provoquer des maladies respiratoires ou cardio-vasculaires. De plus, le tabac accélère le vieillissement des cellules et altère l'odorat et même le goût. D'autre part, les femmes enceintes fumeuses doivent savoir que la nicotine arrive jusqu'au lait maternel.

Description :

Debout (main sur un appui ou pas, si vous avez un bon équilibre) : élevez en alternance devant vous et sur le côté une jambe tendue. Montez la jambe le plus haut possible.

Conseils du coach :

• Attention à conserver le dos immobile car on a tendance à se pencher vers l'avant. La jambe d'appui ne doit pas bouger non plus.
• Si vous désirez vraiment optimiser la technique, montez bien la jambe le plus haut possible.

Répétitions :

Faites 20 élévations alternées de chaque jambe.
Décontractez-vous complètement une dizaine de secondes entre les séries.

Respiration :

Inspirez par le nez en redescendant la jambe et expirez par la bouche en la montant.

Rythme :

Travaillez avec régularité sur un rythme lent.

IMPORTANT : il convient de cesser de penser que le fait de s'arrêter de fumer occasionne une prise de poids. Cela est faux si l'on ne se rue pas sur les gâteaux pour compenser et si l'on continue une activité physique.
N'oubliez pas d'augmenter votre consommation de vitamine C si vraiment vous ne pouvez pas arrêter !

Afin de changer un peu :

• Variante 1 :
Pratiquez une extension de la jambe d'appui en équilibre sur les orteils à chaque élévation de la jambe active. Reposez le talon sur le sol lorsque celle-ci redescend.
Faites 2 séries de 12 élévations alternées de chaque jambe.

• Variante 2 :
Déplacez la jambe active devant vous parallèlement au sol.
Faites ainsi 2 séries de 20 déplacements latéraux de chaque jambe.

Important : n'oubliez pas de faire votre technique de stretching (voir page 112) afin d'éviter d'avoir des courbatures.

Programme du samedi

Cette technique raffermit essentiellement les régions fessières hautes et basses.

Consignes du coach :

- **Tête en appui sur le bras.**
- **Paume sur le sol.**
- **Bras tendu.**
- **Bras replié devant soi.**
- **Dos plat.**
- **Pieds en flexion.**
- **Jambe tendue et décollée du sol.**
- **Jambe inactive fléchie vers la poitrine.**

Le point important :

- **Genou très près du corps.**

Exercice 1

Phase 1 : flexion du genou vers la poitrine
Phase 2 : extension de la jambe à l'arrière et maintien pendant 5 secondes

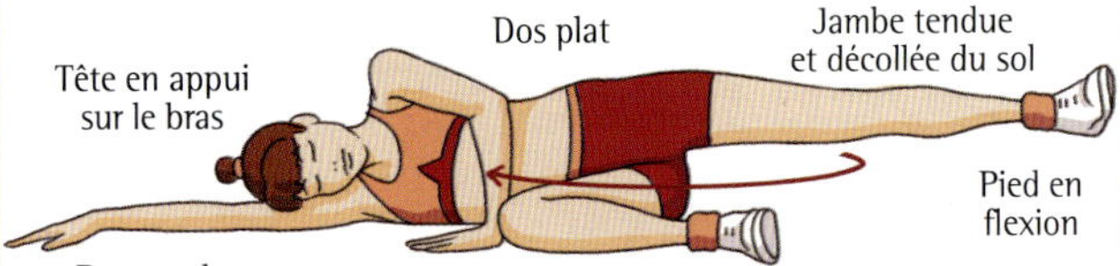

POUR S'AMUSER :

Qui a la réputation en matière alimentaire d'avoir un effet coupe-faim et de se gorger d'eau ?

A les protéines végétales

B les sels minéraux

C les fibres

Réponse : C

La sinusite, quel fléau !

Vous êtes sportive mais, malheureusement, vous souffrez de sinusite, ce qui vous crée bien des soucis.

La sinusite est une infection ou une inflammation des cavités des sinus. Toute infection d'origine ORL peut la déclencher. Elle se caractérise par le nez bouché avec écoulement, une perte olfactive et gustative, des céphalées et des douleurs faciales.

Le spécialiste ordonne le plus souvent une fibroscopie et même une scanographie.

Programme du samedi

Description :

Allongée sur le côté :
- phase 1 : fléchissez la jambe le plus près possible de la poitrine.
- phase 2 : élevez la jambe à l'arrière en la maintenant 5 secondes immobile.

Conseils du coach :

• Ne posez pas le pied sur le sol, lors de la flexion de jambe.
• Maintenez la jambe tendue le plus haut possible.

Répétitions :

Faites 2 séries de 15 enchaînements (1 enchaînement = 1 flexion + 1 extension de la jambe) de chaque jambe.
Décontractez-vous complètement une dizaine de secondes entre les séries.

Respiration :

Inspirez par le nez sur le changement de position.
Expirez par la bouche sur la flexion et l'extension de la jambe.

Rythme :

Travaillez avec régularité sur un rythme lent.

Il est important, avant de commencer un entraînement physique, soit de boire une tisane (thym, lavande, romarin...), soit de prendre une inhalation avec les produits conseillés par votre médecin, soit de vous laver le nez avec une pulvérisation d'eau de mer ou d'eau thermale.
Durant l'année, les praticiens conseillent de prendre, à titre préventif, des vitamines A et C, de faire une cure d'oligo-éléments et de se faire vacciner en prévision des infections ORL.

Afin de changer un peu :

• Variante 1 :
Faites 1 série de 10 enchaînements sur un rythme rapide et 1 série de 10 enchaînements de chaque jambe sur un rythme lent.

• Variante 2 :
Réalisez 2 flexions du genou et 1 extension de la jambe en alternance.
Faites 1 série de 10 enchaînements (1 enchaînement = 2 flexions + 1 extension) de chaque jambe.
Décontractez-vous complètement une vingtaine de secondes avant d'enchaîner la seconde technique.

Programme du samedi

Cette technique raffermit essentiellement les parties latérales des hanches (pour la culotte de cheval) et l'intérieur des cuisses.

Consignes du coach :

• Tête baissée.
• Pieds en flexion et parallèles.
• Avant-bras parallèles sur le sol.
• Dos plat.

Le point important :

• Les jambes sont dans l'axe des hanches (elles ne s'élèvent ni vers l'arrière, ni vers l'avant).

Exercice 2

Élévation sur le côté d'une jambe après l'autre

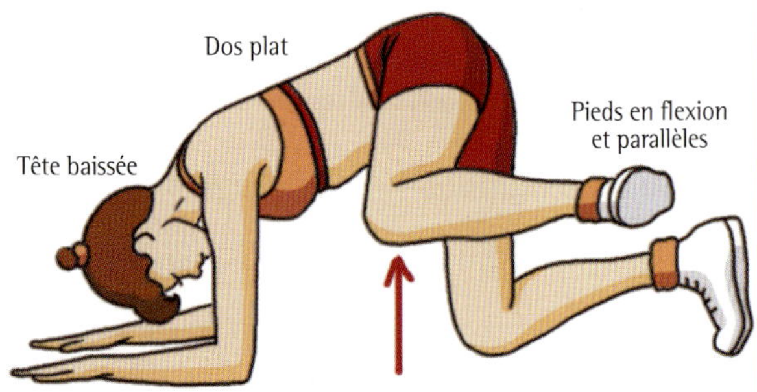

POUR S'AMUSER :
À combien de calories équivaut une coupe de champagne ?
A 80
B 120
C 200

Réponse : B

Retarder les effets du vieillissement

Une des solutions consiste en l'application d'acide rétinoïque sous forme de crème. Elle doit être étalée sur le visage et sur le cou, une, deux ou trois fois par semaine. Elle est uniquement vendue sur ordonnance. Certes, toutes les peaux ne la supportent pas, mais il est intéressant de demander conseil à son dermatologue à ce sujet.
On constate en général une réelle amélioration de l'aspect trophique au bout de quatre mois d'utilisation. La peau est plus élastique, le collagène est en plus grande quantité. Quant à la couche épidermique, elle devient plus épaisse.

Programme du samedi

Description :

À genoux : écartez les jambes et placez les avant-bras sur le sol devant vous sur les côtés. Décollez ainsi une jambe du sol et réalisez deux battements le plus haut possible. Reposez-la avant de faire la même chose avec l'autre jambe.

Conseils du coach :

• Pour vous aider, vous pouvez soulever légèrement l'avant-bras du côté de la jambe active.
• Évitez si possible de reposer lourdement le pied sur le sol après chaque élévation.

Répétition :

Faites (en tout) 2 séries de 20 battements de jambes alternées. Décontractez-vous complètement une dizaine de secondes entre les séries.

Respiration :

Inspirez par le nez et expirez par la bouche le plus lentement possible.

Rythme :

Travaillez à votre rythme.

C'est aujourd'hui une des techniques qui donnent le plus de résultats à condition de ne pas la faire n'importe comment et d'avoir le support dermique approprié.

IMPORTANT : l'acide rétinoïque est photosensibilisant : alors, pas de soleil durant la cure !

Afin de changer un peu :

• Variante 1 :
Réalisez la même technique avec la jambe active en extension.
Faites (en tout) 2 séries de 20 battements de chaque jambe.

• Variante 2 :
Alternez un grand battement avec un petit.
Faites 2 séries de 20 battements de chaque jambe.

Important : n'oubliez pas de faire votre technique de stretching (voir page 112) afin d'éviter d'avoir des courbatures.

Exercice de stretching à pratiquer à chaque séance

Cette technique, issue du hatha-yoga, est l'une des plus pratiquées pour supprimer ou réduire fortement les douleurs musculaires des hanches.

Consignes du coach :

- **Tête levée.**
- **Dos plat.**
- **Bras tendus.**
- **Paumes sur le sol.**
- **Jambes en tailleur.**
- **Pieds souples.**

Le point important :

- **Regardez en permanence vers le haut, afin d'éviter toute courbure dorsale.**

POUR S'AMUSER :
Quelle est la carence vitaminique qui induit un déficit immunitaire ?
A une carence en vitamines C, D, G, B6 et B9
B une carence en vitamines B9 et B12
C une carence en vitamines B, B3, B12

Réponse : A

Étirement vers l'avant, assise en tailleur

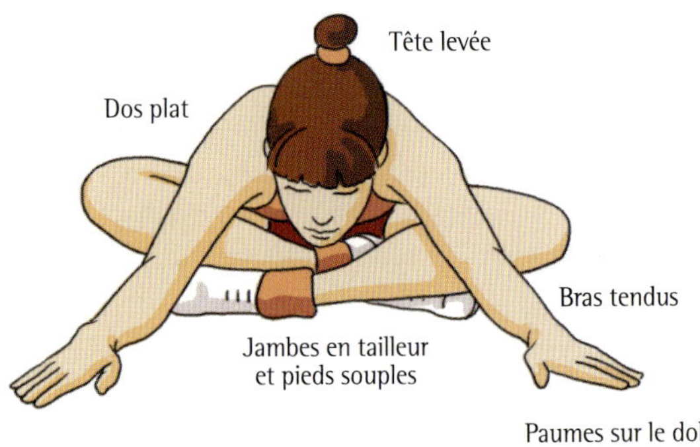

Ne vous trompez pas de lipides !

Il convient de distinguer les bons lipides des mauvais. Les meilleurs lipides sont les huiles de première pression à froid (comme l'huile d'olive ou de colza). On les trouve également dans le poisson, l'avocat, le jaune d'œuf, les matières grasses de la viande blanche, les amandes, les noix et les noisettes. Quant aux mauvais lipides, on les rencontre dans les gâteaux, certaines barres de céréales, beaucoup de margarines, certains mélanges céréaliers, les charcuteries, beaucoup de préparations végétariennes, le beurre et la crème cuits.

Et le chocolat ? Cet aliment riche en lipides ne fait pas partie des aliments recommandés diététiquement malgré le magnésium, le calcium et le fer (quasiment inassimilable) qu'il

Exercice de stretching à pratiquer à chaque séance

Description :

Assise en tailleur : fléchissez le buste devant vous en étirant le plus loin possible les mains sur le sol.

Conseils du coach :

• Veillez à ne pas décoller le bassin du sol.
• Ne cherchez pas à mettre le haut du corps sur le sol, mais au contraire le bas du corps.

Répétition :

Faites 2 postures de 8 secondes chacune.
Décontractez-vous complètement entre les deux techniques.

Respiration :

Inspirez par le nez avant de commencer et expirez par la bouche pendant tout l'étirement.

Rythme :

Travaillez à votre rythme.

Afin de changer un peu :

• Variante 1 :
Pratiquez la même technique en penchant le buste à droite, puis à gauche.
Restez 8 secondes sur chacun des côtés.

• Variante 2 :
Pratiquez la même technique avec une main qui appuie sur un genou et une main sur le sol.
Restez ainsi 8 secondes, puis inversez la posture.

contient. Il est conseillé de ne pas en consommer plus de 40 g par jour.

Et les produits laitiers ? Ils contiennent des lipides indispensables à l'organisme. Les yaourts en contiennent environ 1 g par pot ; en revanche, le fromage en contient beaucoup (n'en consommez pas plus de 40 g par jour). Il faut savoir que les yaourts veloutés au lait entier comportent trois fois plus de matières grasses que les autres.

Et les viandes rouges ? Préférez bien sûr les parties les moins grasses, mais surtout ne les supprimez pas de votre alimentation car elles contiennent du fer (plus assimilable par l'organisme que celui contenu dans les autres denrées). En consommer deux fois par semaine semble raisonnable.

Les exercices spécifiques qui vous intéressent le plus

- Raffermir le dessous des bras
- Tonifier la poitrine
- Durcir l'intérieur des cuisses
- Rehausser le bas de la fesse

Dessous des bras relâché, bas de la fesse tombant, etc. Autant de petits inconvénients disgracieux qu'il convient de combattre avec détermination. Les pages ci-après vous conseillent des techniques simples, connues pour leurs résultats, que vous pouvez faire aisément à n'importe quel moment de la journée, chez vous, en regardant la télévision, par exemple.

Elles ont réellement fait leurs preuves depuis de nombreuses années et sont parmi les préférées des coachs. Ils les conseillent à leurs clients en raison de la rapidité des résultats obtenus (si on les fait bien et régulièrement!). De plus, ils sont simples et à la portée de toutes.

N'oubliez pas qu'il est fortement recommandé d'augmenter les répétitions au fur et à mesure et que celles indiquées dans ce guide sont minimales.

Vous pouvez bien sûr réaliser les exercices choisis en complément d'un autre programme, pour le ventre ou le dos, par exemple.

N'oubliez pas non plus que, parfois, il n'y a pas que le muscle qui est relâché, mais également la peau. Il importe donc, le plus tôt possible, de prendre l'habitude de l'hydrater tous les jours avec un lait corporel de qualité.

Comment équiper un coin sport chez vous ?

Vous rêvez de vous installer un petit coin sport dans votre appartement ou votre maison ? C'est bien sûr l'idéal ! Choisissez de préférence :

- un tapis de gymnastique d'au moins 0,5 cm d'épaisseur,

- un bâton de culture physique d'au moins 1,30 m (vous pouvez aussi acquérir un manche à balai en plastique),

- des lests de chevilles assez lourds : achetez une paire de 0,5 kg et une paire de 1 kg,

- une barre de suspension de préférence en acier et fixée non par ventouse, mais par vissage avec fixation de sécurité par clous ou vis,

- un vélo d'appartement à écrou multifonctions comportant un contrôleur de pulsations,

- un rameur équipé d'un ordinateur et d'un contrôleur de pulsations qui peut être « scandinave », « latin » ou « à tirage central ». Ils sont tous satisfaisants. Préférez toutefois le système à « câble » au « système hydraulique à éléments rigides latéraux sur piston »,

- un stepper lourd pour une bonne stabilité et possédant des supports latéraux. Évitez les mini-steppers,

- un tapis roulant de course électrique et comprenant un cardio-fréquencemètre, un bon système d'atténuation des chocs et des vibrations, une possibilité de pente de 3 à 10 %. Le cadran multifonctions doit être simple, lisible, et la consommation électrique faible.

Raffermir le dessous des bras

Consignes du coach :

- Tête levée.
- Dos plat ou en cambrure normale.
- Jambes écartées, inclinées et semi-fléchies au sol.
- Pieds dirigés vers le haut.
- Bras écartés.
- Paumes dirigées vers l'intérieur.
- Talons en appui sur le sol.

Le point important :

- Le dos doit être droit en permanence, il ne doit ni se cambrer, ni se courber.

POUR S'AMUSER:
Combien de fois par jour s'effectue la déglutition?
A entre 1 200 et 1 500 fois
B entre 800 et 1 000 fois
C entre 600 et 800 fois

Réponse : A

Exercice 1
Flexions sur les bras

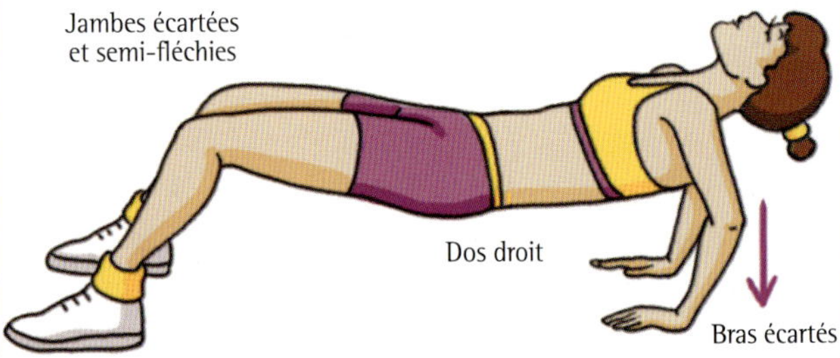

Non, le traitement des varices n'est pas si éprouvant que cela...

Les varices sont des dilatations pathologiques permanentes des veines, engendrant des troubles de la circulation sanguine et parfois du rythme cardiaque. Elles peuvent survenir à la suite d'un choc, de stationnements debout prolongés, de pratique intense de sports violents ou être héréditaires.

Lorsque l'on envisage une intervention chirurgicale, on fait faire un bilan vasculaire et cardiaque, suivi d'une échographie et d'un Doppler. Suivant les résultats de ces examens, le chirurgien décide un éveinage, une phlébectomie, une sclérose par le froid, un cryoveinage, etc. Une intervention dure entre 30 minutes et 3 heures.

Raffermir le dessous des bras

Description :

En appui sur les mains, jambes semi-fléchies et écartées : réalisez des flexions-extensions sur les bras.

Conseils du coach :

• N'oubliez pas que ce sont les bras qui se fléchissent et non le bassin qui se lève et s'abaisse.
• La région lombaire doit rester immobile : ce sont les bras qui entraînent l'abaissement de l'ensemble du corps et non le bassin qui se meut indépendamment.
• Si vous vous sentez mieux, en appui avec les pieds à plat sur le sol plutôt que sur les talons, n'hésitez pas !

Répétitions :

Faites 3 séries de 8 « flexions-extensions ».
Décontractez-vous une dizaine de secondes entre les séries.

Rythme :

Travaillez avec régularité à votre rythme.

Bien sûr, une varice retirée ne réapparaît pas, mais parfois ce sont d'autres qui naissent à côté.
Il n'y a pas de limite d'âge pour subir une telle opération.
L'hospitalisation dure entre 24 heures et 8 jours suivant la nature de l'intervention. On peut reprendre en règle générale une activité professionnelle au bout de deux mois.
Il faut également compter une à deux semaines pour que les ecchymoses et œdèmes postopératoires se résorbent. Il arrive que des varicosités apparaissent sur la surface soignée. Certaines patientes utilisent la mésothérapie ou l'homéopathie pour améliorer la partie traitée.

Afin de changer un peu :

• Variante 1 :
Réalisez la même technique en ne prenant appui que sur une jambe, l'autre étant tendue à la verticale.
Faites ainsi 3 séries de 5 flexions-extensions.

• Variante 2 :
Réalisez la même technique en alternant une semi-flexion-extension et une flexion-extension complète avec le plus d'amplitude des bras possible.
Faites ainsi 3 séries de 6 répétitions.

Raffermir le dessous des bras

Consignes du coach :

- Poitrine à 4 ou 5 cm du mur.
- Tête levée.
- Paumes à l'horizontale et tournées vers l'intérieur.
- Coudes dirigés vers le haut.
- Dos droit.
- Légère rétroversion du bassin (pour ne pas se cambrer).
- Jambes serrées et tendues.
- Pieds serrés.

Le point important :

- Les pieds se trouvent à peu près à 35 cm du mur.

POUR S'AMUSER :
À 70 ans, quel est le pourcentage de personnes ayant mal au dos ?
A 60 %
B 80 %
C 50 %

Réponse : B

Exercice 2

Repousser un mur avec les bras

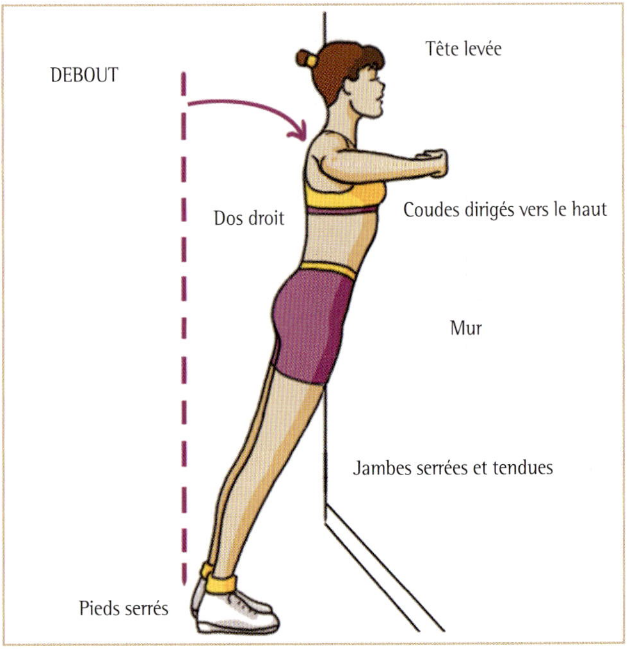

La vie hormonale ne s'arrête pas à 40 ans !

Dès 40 ans, nombre de femmes s'inquiètent de ressentir les prémices de la ménopause.
En fait, d'après les statistiques, l'arrêt complet de l'activité ovarienne ne survient pas avant 50 ou 52 ans. Les premiers effets de la ménopause ne se ressentent pas en général avant 45 ans. Toutefois, vers 40 ans, si les ovaires sont toujours en activité, c'est d'une façon plus anarchique. Il ne reste, à cet âge, que 10 000 ovocytes (cellules de la lignée germinale femelle des animaux, n'ayant pas encore subi les deux phases de la méiose – division cellulaire aboutissant à la réduction de moitié du nombre de chromosomes), alors qu'ils sont au nombre d'un million à la naissance. Quant aux follicules, ils diminuent doucement jusqu'à 38 ans, puis plus rapidement ensuite.

Raffermir le dessous des bras

Description :

Debout, laissez-vous choir contre un mur, puis repoussez-le, afin de revenir à la verticale.

Conseils du coach :

- Marquez un léger temps d'arrêt lors de la réception sur le mur.
- N'oubliez pas de placer les coudes le plus haut possible.
- Évitez de vous exercer avec élan : stabilisez bien la posture debout.

Répétitions :

Faites 3 séries de 10 « flexions-extensions ».
Décontractez-vous une dizaine de secondes entre les séries.

Respiration :

Inspirez par le nez en vous laissant choir et expirez par la bouche en vous redressant.

Rythme :

Travaillez avec régularité à votre rythme.

Cependant, en règle générale, il existe suffisamment d'ovules à 45 ans pour provoquer une grossesse.

Quels sont les signes précurseurs de la ménopause ?
- les cycles deviennent irréguliers,
- leur durée augmente ou diminue,
- les règles peuvent être inexistantes durant plusieurs mois,
- des saignements entre les règles peuvent apparaître,
- des pertes blanches sont parfois constatées,
- le syndrome prémenstruel peut s'amplifier, caractérisé entre autres par un état douloureux et gonflé du ventre, une prise de poids, des maux de tête, des jambes lourdes, un état irascible.
Mais, heureusement, la médecine permet de trouver une solution adaptée au cas de chacune. Ne souffrez donc plus en silence !

Afin de changer un peu :

• Variante 1 :
Réalisez la même technique en vous réceptionnant seulement sur une main. Faites ainsi 1 série de 4 « flexions-extensions » en appui sur la main gauche, puis 1 série de 4 « flexions-extensions » en appui sur la main droite.

• Variante 2 :
Réalisez la même technique en vous réceptionnant avec les avant-bras parallèles entre eux et avec les coudes dirigés vers le bas. Faites ainsi 2 séries de 8 « flexions-extensions ».

Raffermir le dessous des bras

Consignes du coach :

- **Bras fléchi.**
- **Coude à la verticale.**
- **Main tenant un poids ou un livre.**
- **Tête levée.**
- **Dos droit.**
- **Jambes semi-fléchies.**
- **Pieds parallèles.**
- **Main passive à la taille.**

Le point important :

- **Étirez au maximum l'épaule active vers l'arrière.**

POUR S'AMUSER :

Comment nomme-t-on cette substance produite par certaines cellules du système nerveux central et ayant des propriétés analgésiques semblables à celles de la morphine, lorsqu'on effectue un effort physique ?

A morphine
B endomorphe
C endorphine

Réponse : C

Exercice 3

Flexions-extensions d'un bras à la verticale

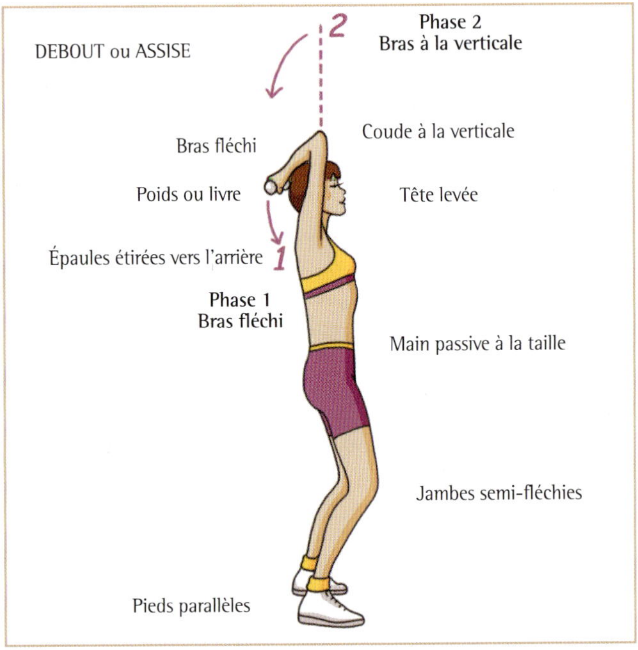

Souffrez-vous d'asthme ?

L'asthme est une maladie de cause souvent allergique caractérisée par des accès de gêne respiratoire, dus à un spasme bronchique.

Oppression respiratoire, toux récidivante, essoufflement, ces inconvénients peuvent avoir pour cause le passage de l'air à travers des voies respiratoires rétrécies. Cette maladie concerne 4 millions de Français (dont un tiers d'enfants ou d'adolescents) et provoque 2000 décès par an.

Mais, heureusement, les remèdes actuels sont efficaces. Un examen appelé « peakflow » permet d'évaluer le niveau de la crise et de mesurer le débit expiratoire. Les spécialistes recommandent, suivant les cas, des comprimés

Raffermir le dessous des bras

Description:

Debout, une main tenant le poids de votre choix: pratiquez des flexions-extensions verticales de l'avant-bras, derrière la nuque. L'autre main est à la taille.

Conseils du coach:

- N'hésitez pas à descendre la main le plus bas possible entre les omoplates et à la tendre au maximum ensuite à la verticale.
- Travaillez sans prendre d'élan.
- Veillez à détendre le bras bien à la verticale et non sur le côté.

Répétitions:

Faites 2 séries de 20 « flexions-extensions » de chaque bras. Décontractez-vous une dizaine de secondes entre les séries.

Respiration:

Inspirez par le nez lors de la flexion de l'avant-bras.
Expirez par la bouche lors de l'extension.

Rythme:

Travaillez avec régularité à votre rythme.

d'anti-leukotriène, un corticoïde inhalé, un bronchodilatateur (le salbutanol-ventoline, par exemple, stoppe rapidement pendant 3 ou 4 heures la gêne respiratoire et les quintes de toux).

Précautions: si l'on souffre d'asthme, il faut aérer ou dépoussiérer le plus possible son logement et éviter tout chauffage excessif ou excès d'humidité.

Afin de changer un peu:

• Variante 1:
Alternez 4 « flexions-extensions » à votre rythme avec 4 « flexions-extensions » très lentes. Faites ainsi 2 séries de 16 répétitions alternées.

• Variante 2:
Faites 1 série de 20 répétitions avec un poids (ou un livre) pas trop lourd, puis réalisez 1 série de 20 répétitions avec un poids plus important.

Tonifier la poitrine

Consignes du coach :

- **Paumes serrées l'une contre l'autre.**
- **Tête levée.**
- **Dos droit.**
- **Avant-bras perpendiculaires au sol.**
- **Bras parallèles au sol.**
- **Jambes semi-fléchies.**
- **Pieds parallèles.**

Le point important :

- **Conserver les jambes bien immobiles.**
- **Doigts serrés.**

Exercice 1

En alternance :
Phase 1 : 2 élévations des avant-bras serrés
Phase 2 : 2 écartés des avant-bras

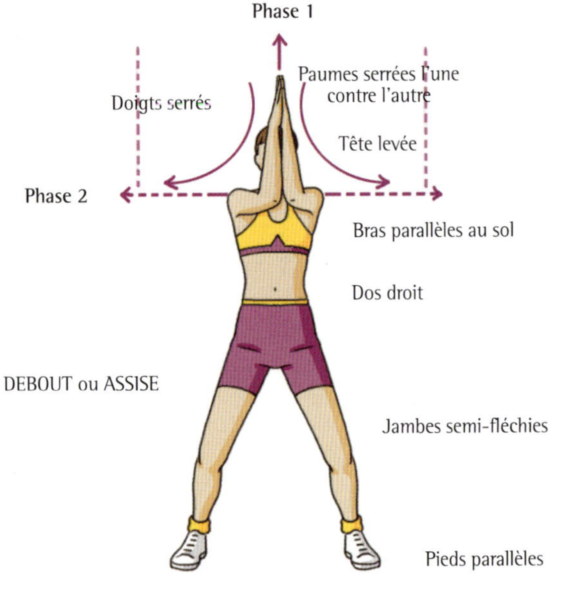

POUR S'AMUSER :
Combien d'heures en moyenne un être humain passe-t-il au lit ?
A 80000 heures
B 110000 heures
C 220000 heures

Réponse : C

Qu'est-ce que le vanadium ?

C'est un métal gris argent fondant vers 1900 °C. On le trouve dans le homard, la laitue, le persil et les radis. Il équilibre le taux de potassium et de sodium dans l'organisme et a la réputation de limiter les risques d'infarctus et de maladies cardiaques, de réduire l'hypertension et de lutter contre le cholestérol. Au début du siècle, il n'était guère apprécié, malgré de nombreuses prescriptions, car il avait la réputation de provoquer des psychoses maniaco-dépressives. Il a été ainsi mis à l'écart des ordonnances pendant cinquante ans avant d'être réhabilité. Il s'agissait en fait d'une méconnaissance des doses nécessaires.

Tonifier la poitrine

Description :

Debout, pratiquez en alternance :
- phase 1 : 2 élévations des avant-bras collés,
- phase 2 : 2 écartés des bras fléchis à partir de la même position.

Conseils du coach :

- Ne décollez pas les avant-bras l'un de l'autre dans la phase 1.
- Écartez les avant-bras au maximum en conservant les bras parallèles au sol dans la phase 2.

Répétitions :

Faites 2 séries de 12 enchaînements (1 enchaînement = phase 1 + phase 2).
Décontractez-vous une dizaine de secondes entre les séries.

Rythme :

Rapide pour la première série.
Très lent pour la deuxième série.

Afin de changer un peu :

• Variante 1 :
Réalisez :
- phase 1 : 2 élévations des avant-bras collés,
- phase 2 : 2 écartés des bras tendus au maximum.
Faites ainsi 2 séries de 12 enchaînements (1 enchaînement = phase 1 + phase 2).

• Variante 2 :
Réalisez :
- phase 1 : 2 élévations vers le haut des avant-bras collés,
- phase 2 : 2 élévations vers le bas des avant-bras collés.
Faites ainsi 2 séries de 12 enchaînements (1 enchaînement = phase 1 + phase 2).

Quelques nouveautés concernant la santé

• Un test sur les angines est mis en vente depuis peu afin de détecter si celles-ci sont d'origine bactérienne ou virale. En effet, il n'y a que celles d'origine bactérienne qui nécessitent la prise d'antibiotiques (ces derniers sont inefficaces contre les virus). Ce procédé permet de lutter contre l'usage systématique des antibiotiques, parfois injustifié.

• Les médecins du travail sont actuellement en train de mettre au point des méthodes de prévention des pathologies veineuses. Ils ont proposé de faire rembourser les bas de contention.

Tonifier la poitrine

Consignes du coach :

- **Mains tenant des poids (ou un livre).**
- **Tête levée.**
- **Dos droit.**
- **Jambes semi-fléchies.**
- **Pieds parallèles.**
- **Bras fléchis.**

Le point important :

- **Conserver un angle constant entre les bras et les avant-bras.**

POUR S'AMUSER :
Combien de muscles le corps humain compte-t-il ?
A 580
B 650
C 720

Réponse : B

Exercice 2
Passage des bras fléchis à l'arrière

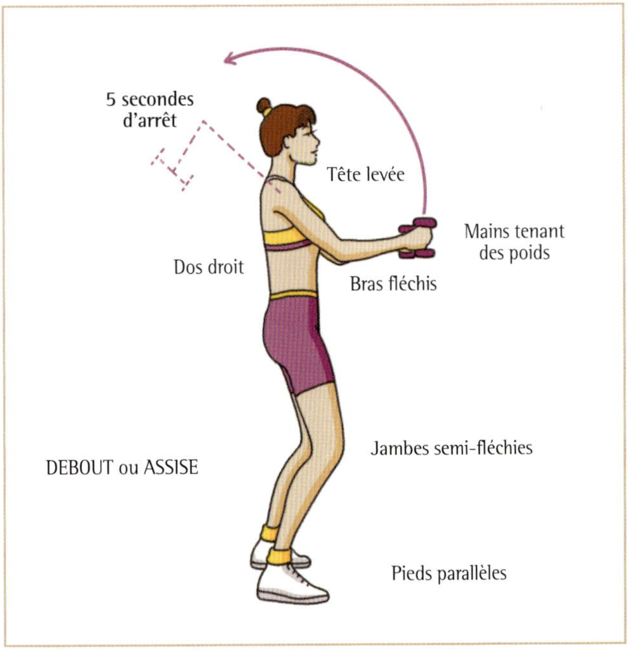

Les méthodes dynamiques de fitness s'adressent-elles à tous ?

Le low-impact aérobic, le high impact aérobic, le cardio-funk, le pump, le step, etc. ne s'adressent pas à tout le monde.
Cela étant, si vous êtes en forme, que vous aimez vous entraîner en vous amusant, ces disciplines doivent vous convenir. Il faut simplement connaître ses aptitudes physiques et ne pas essayer d'aller au-delà.

Une séance dynamique doit comprendre (pour ne pas occasionner de désagréments physiques ou physiologiques) :
- une phase d'échauffement,
- une phase d'effort progressif,

Tonifier la poitrine

Description :

Debout, jambes semi-fléchies, les mains tenant 2 poids de 1 ou 2 kg ou l'équivalent en livres : faites aller doucement vos mains derrière la nuque, marquez un temps d'arrêt de 5 secondes, puis ramenez vos mains au niveau de la poitrine avant de recommencer.

Conseils du coach :

• Veillez à conserver les jambes le plus immobiles possible.
• Laissez bien le poids de livres étirer le haut du dos et respectez bien le temps de pause de 5 secondes.
• N'hésitez pas à prendre des livres plus lourds si ceux-ci vous semblent trop légers : une femme non entraînée peut s'exercer avec 2 kg (en tout) sans aucun problème.

Répétitions :

Faites 2 séries de 12 répétitions.
Décontractez-vous une dizaine de secondes entre les séries.

Rythme :

Travaillez lentement.

- une phase d'étirement,
- une phase de retour au calme.

Les disciplines dynamiques de fitness requièrent un équipement adapté comme des chaussures aux bons amortis, des vêtements laissant évaporer la sueur, un bon soutien-gorge, un bandeau pour empêcher la sueur de brûler les yeux.
Ces activités très rythmées améliorent la capacité cardio-pulmonaire, les réflexes, la coordination, l'aptitude à l'effort physique, la tonicité musculaire, l'amplitude articulaire... Si elles sont bien enseignées et bien pratiquées, elles permettent de rester longtemps en forme.

Afin de changer un peu :

• Variante 1 :
Réalisez la même technique en tendant les bras lorsqu'ils reviennent au niveau de la poitrine, au lieu de les conserver fléchis. Faites ainsi 2 séries de 12 répétitions.

• Variante 2 :
Réalisez la même technique en ayant les avant-bras le plus rapprochés possible. Faites ainsi 2 séries de 10 répétitions.

Tonifier la poitrine

Consignes du coach :

- **Tête en repos sur le sol.**
- **Jambes repliées.**
- **Chevilles croisées.**
- **Pieds souples.**
- **Bras tendus puis repliés.**

Le point important :

- **Ne reposez pas les coudes sur le sol à chaque fois : ils ne doivent que l'effleurer.**

POUR S'AMUSER :

La bile est sécrétée par le foie et contribue à :

A l'assimilation des glucides

B la digestion des graisses

C assainir l'apport alimentaire

Réponse : B

Exercice 3

Flexions-extensions des bras à la verticale

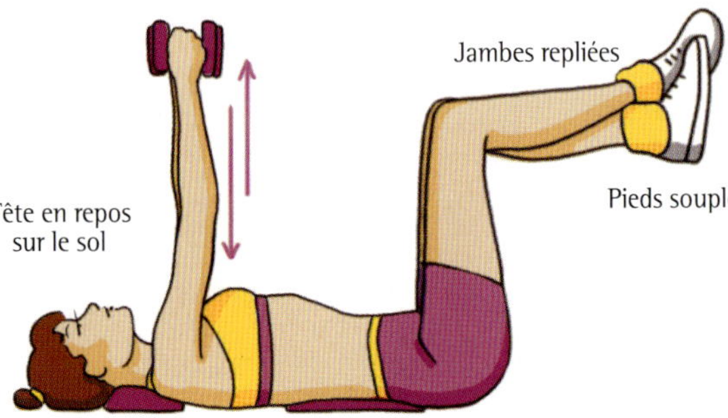

Comment nourrir votre enfant ?

D'après les spécialistes, l'alimentation d'un enfant doit comporter 58 % de glucides, 12 % de protides et 30 % de lipides. Il est inutile de lui faire consommer de la viande à tous les repas. En revanche, il importe que le dîner comporte des laitages, de même que du pain complet en quantité raisonnable.

Ses repas doivent être peu gras et les lipides consommés doivent être d'origine végétale, comme l'huile d'olive par exemple (sans pour cela négliger un petit peu de beurre frais pour l'apport de vitamines liposolubles).

Quant à la boisson, elle doit être composée d'eau (en diversifiant les origines pour varier entre autres les apports en minéraux) et de jus de fruits frais.

Tonifier la poitrine

Description :

Allongée sur le dos, jambes repliées, faites des flexions-extensions des bras en tenant de petits poids ou des livres dans chaque main.

Conseils du coach :

• Ne soulevez ni la tête ni le buste du sol.
• Veillez à bien tendre les bras et à travailler sur élan.
• Vous pouvez, pour votre confort, placer un coussin sous la nuque et un sous les hanches.

Répétitions :

Faites 2 séries de 20 « flexions-extensions ».
Décontractez-vous une dizaine de secondes entre les séries.

Respiration :

Inspirez par le nez en redescendant les bras et expirez par la bouche en les montant.

Rythme :

Travaillez avec régularité sur un rythme lent.

Les jus de fruits et sodas industriels contiennent trop de sucres et d'éléments peu recommandés pour la santé (comme la théobromine et la caféine dans les sodas au cola).
Quant au lait, il n'est pas indispensable d'en boire, si les yaourts sont présents dans les repas quotidiens. Cela étant, un verre de lait au goûter est le bienvenu.
Privilégiez cependant le lait frais qui contient des vitamines, par rapport au lait pasteurisé. Le lait entier est également préférable au demi-écrémé.
Pour le goûter, donnez à votre enfant des fruits frais ou secs accompagnés de pain complet. Évitez les « quatre-heures » industriels, surtout ceux sous forme de gâteaux.

Afin de changer un peu :

• Variante 1 :
Réalisez la même technique mais en joignant les poids l'un contre l'autre lorsque les bras se tendent.
Faites 2 séries de 20 « flexions-extensions ».

• Variante 2 :
Alternez une semi-extension de bras avec une extension complète.
Faites 2 séries de 20 « flexions-extensions » alternées.

Durcir l'intérieur des cuisses

Consignes du coach :

- **Pieds en flexion.**
- **Jambes tendues.**
- **Dos droit.**
- **Bras en croix.**
- **Mains décontractées.**
- **Paumes sur le sol.**

Le point important :

- **Ramenez plutôt les jambes vers le visage que vers l'arrière pour éviter de vous cambrer.**

Exercice 1
Écarts des jambes tendues à la verticale

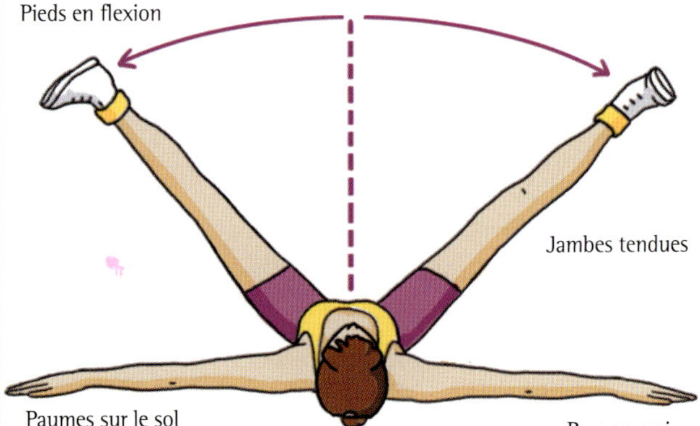

Comment conserver un patrimoine osseux ?

Il importe de connaître ses antécédents génétiques (cas d'ostéoporose génétique). Il ne faut pas non plus hésiter à faire les examens qui vous indiquent l'état de votre squelette.
Les œstrogènes chez les femmes doivent être présents en quantité suffisante afin de maintenir un bon potentiel osseux. Chez l'homme, ce sont les androgènes qui stabilisent l'équilibre osseux. Il est vrai que l'excès d'activité sportive, les tendances anorexiques, la sédentarité, sont des facteurs aggravants de l'ostéoporose.
Une carence en protéines peut nuire à la synthèse du collagène, d'où des conséquences défavorables pour la masse osseuse.

POUR S'AMUSER :
Combien de mouvements respiratoires par minute produit un nouveau-né ?
A 28
B 30
C 35

Réponse : C

Durcir l'intérieur des cuisses

Description :

Allongée sur le dos, jambes tendues et écartées à la verticale : rapprochez et écartez-les l'une après l'autre.

Conseils du coach :

• Respectez bien les divers rythmes afin de ne pas enlever d'efficacité à la technique.
• Évitez le plus possible de fléchir (même un peu) les jambes.
• N'oubliez pas, si vous souffrez de fragilité dorsale, de placer un coussin sous le bas du dos afin de renforcer la position ronde ou à plat de la région lombaire.
• Écartez les jambes au maximum.

Répétitions :

Faites 2 séries de 20 battements de chaque jambe.
Décontractez-vous une dizaine de secondes entre les séries.

Respiration :

Inspirez par le nez et expirez par la bouche avec régularité.

Rythme :

Travaillez avec régularité sur un rythme lent.

Il faut aussi surveiller l'apport en calcium afin de réduire les risques de fractures.
Quant à l'exposition au soleil, elle doit être d'au moins dix minutes par jour pour permettre l'action de la vitamine D (vitamines D2 et D3, antirachitiques, dont les carences occasionnent des troubles de la calcification, dont l'ostéomalacie).
La non-consommation de produits laitiers peut entraîner des carences aux conséquences néfastes sur le squelette, surtout s'il s'agit d'enfants et de personnes âgées.

Afin de changer un peu :

• Variante 1 :
Réalisez un cercle de chaque jambe simultanément après les avoir écartées en inversant le sens à chaque écart. Faites ainsi 2 séries de 15 répétitions.

• Variante 2 :
Ramenez à la verticale une jambe après l'autre. Faites ainsi 2 séries de 20 répétitions.

Durcir l'intérieur des cuisses

Consignes du coach :

- **Tête sur le sol.**
- **Bras le long du corps.**
- **Paumes sur le sol.**
- **Dos droit ou en cambrure normale.**
- **Jambes écartées au maximum.**
- **Pieds parallèles.**
- **Bassin en élévation.**
- **Corps droit.**

Le point important :

- **Écartez les jambes au maximum.**

POUR S'AMUSER :

Que signifie le terme « LIA » en fitness ?

A « Light-Impulsion-Aérobic »

B « Long-Interval-Aerobic »

C « Low-Impact-Aérobic »

Réponse : C

Exercice 2

« Rapproché-écarté » des genoux

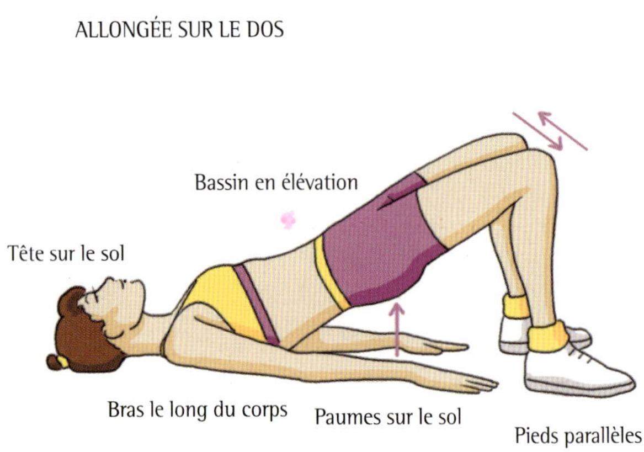

Parlons de l'andropause

Sujet dont les hommes ne veulent pas parler, mais qui est pourtant intéressant ! Parlons-en donc !

L'andropause concerne essentiellement une baisse hormonale (testostérone et hormone de croissance).

Les spécialistes ont remarqué que la plupart des patients consultant pour un début d'andropause n'en présentaient pas les symptômes. L'andropause ne concernerait qu'une partie de la population masculine, fragilisée par exemple par des maladies. Il est impossible de donner un pourcentage exact des hommes souffrant d'andropause, mais on peut l'estimer entre 20 et 50 % à partir de 50 ans.

Les effets sont les suivants : bouffées de chaleur, irritabilité, asthénie, prise de poids, diminution de la masse musculaire, dysfonctions sexuelles.

Durcir l'intérieur des cuisses

Description :

Allongée sur le dos, jambes repliées, bassin élevé : rapprochez et écartez vos genoux.

Conseils du coach :

• Veillez à placer les talons le plus près possible du bassin.
• Ne laissez pas redescendre votre bassin au fur et à mesure : il doit être placé le plus haut possible.
• N'hésitez pas à faire plus de répétitions si vous ne ressentez rien.

Répétitions :

Faites 2 séries de 20 rapprochés.
Décontractez-vous une dizaine de secondes entre les séries.

Respiration :

Inspirez par le nez et expirez par la bouche avec régularité.

Rythme :

Travaillez avec régularité à votre rythme.

Il importe d'établir un bilan de base caractérisant le déficit hormonal afin de diagnostiquer un cas d'andropause. Le spécialiste peut alors recommander un traitement de substitution hormonale afin de restaurer une libido et une activité sexuelle satisfaisantes. Il importe de ne pas prendre de testostérone sans précautions car elle peut générer de l'hypertension artérielle, des œdèmes des membres inférieurs, une croissance anormale des globules rouges et une augmentation des glandes mammaires (gynécomastie).

La production de testostérone est maximale à la puberté et peut commencer à décroître vers 40 ans. En règle générale, elle diminue de 1 % par an à partir de 50 ans.

Afin de changer un peu :

• Variante 1 :
Alternez un petit « rapproché-écarté » avec un grand.
Faites ainsi 2 séries de 20 répétitions alternées.

• Variante 2 :
Alternez un « rapproché-écarté » des genoux avec une élévation du bassin.
Faites ainsi 2 séries de 20 répétitions alternées.

Durcir l'intérieur des cuisses

Consignes du coach :

- **Main sur un meuble d'appui.**
- **Tête levée.**
- **Dos droit.**
- **Épaules étirées vers l'arrière.**
- **Jambe d'appui semi-fléchie.**
- **Pied parallèle à l'appui.**
- **Jambe d'action tendue.**
- **Pied en flexion dirigé vers le bas.**

POUR S'AMUSER :
Le cubital antérieur est un muscle :
A de la cuisse
B du bras
C de l'avant-bras

Réponse : C

Exercice 3

Petits battements de la jambe tendue

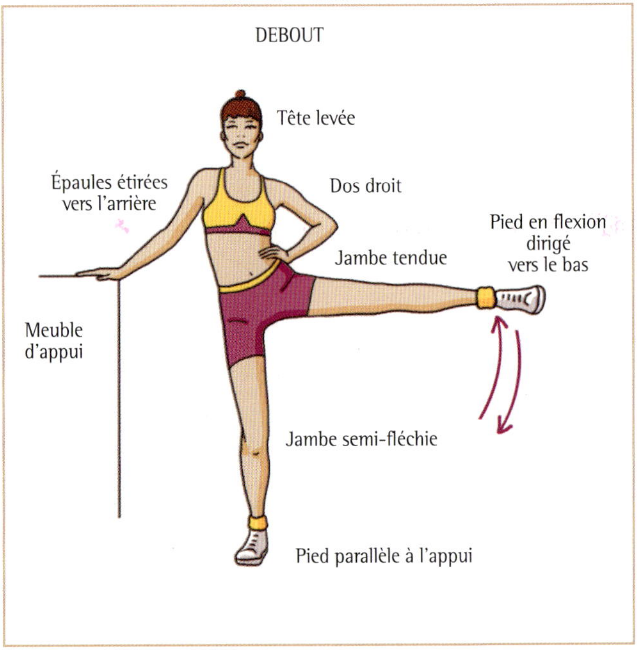

Attention aux affirmations fausses !

1. Il faut faire attention à ce que l'on mange après 60 ans.
Faux ! Il ne faut pas faire plus attention à 60 qu'à 20 ans. Il s'agit toujours de l'éternel équilibre entre les dépenses de calories et l'apport nutritionnel, la variété et la qualité de la nourriture, en tenant bien sûr compte du ralentissement métabolique.

2. Les protéines végétales sont de meilleure qualité que les protéines animales.
Faux ! Elles sont différentes et il importe en conséquence de ne pas supprimer les protéines animales.

Durcir l'intérieur des cuisses

Description :

Debout : réalisez de petits battements d'une jambe sur le côté.

Conseils du coach :

- Évitez de fléchir la jambe d'action.
- Montez la jambe active le plus haut possible.
- Faites des battements le plus réguliers possible.

Répétitions :

Faites 2 séries de 30 battements de chaque jambe.
Décontractez-vous une dizaine de secondes entre les séries.

Respiration :

Inspirez et expirez avec régularité et lenteur.

Rythme :

Travaillez à votre rythme.

3. Il faut éliminer peu à peu les lipides de son alimentation au fur et à mesure que l'on vieillit.
Faux ! S'il faut en effet limiter l'apport lipidique, il faut le faire dès l'enfance en consommant avec modération les bons lipides (telle l'huile d'olive).

4. Les œufs sont très mauvais pour le foie.
Faux ! Les œufs n'ont pas forcément une action sur cet organe.

5. Il faut bannir l'alcool définitivement de son alimentation.
Faux ! Un verre de très bon vin par jour n'est pas nuisible à la santé. Certains spécialistes admettent même un verre par repas, mais pour nous, sportifs, cela nous semble excessif.

Afin de changer un peu :

• Variante 1 :
Réalisez la même technique en alternant un grand battement avec un petit. Faites ainsi 2 séries de 24 battements de chaque jambe.

• Variante 2 :
Réalisez la même technique en marquant un temps d'arrêt de 3 secondes sur la partie haute du battement. Faites ainsi 2 séries de 12 battements de chaque jambe.

Rehausser le bas de la fesse

Consignes du coach :

• Main sur un meuble d'appui.
• Tête levée.
• Dos droit.
• Jambe tendue.
• Pied en flexion.
• Jambe fléchie.
• Pied perpendiculaire au meuble d'appui.
• Pied d'action parallèle au meuble d'appui.

Le point important :

• Garder le dos le plus droit possible.

POUR S'AMUSER :
La couperose est due à :
A une congestion et une dilatation des vaisseaux
B un éclatement des capillaires
C une perméabilité des parois des vaisseaux

Réponse : A

Exercice 1
Petits battements arrière de la jambe

Quelle est la différence entre musculation et culturisme ?

Bien que la musculation et le culturisme aient les mêmes bases, ils diffèrent par leur but.

La musculation est destinée à développer la musculature à l'aide d'exercices spécifiques et variés. Elle cherche à améliorer les performances physiques et la qualité des fibres musculaires. Le souci de l'harmonie musculaire corporelle existe, mais ne constitue pas le but profond de cette discipline.

Le culturisme ou body-building n'est basé que sur la recherche de l'esthétisme (parfois très poussée) et la prise de volume musculaire. Celle-ci dépend étroitement de la qualité du

Rehausser le bas de la fesse

Description :

Debout, réalisez de petits battements de la jambe arrière tendue.

Conseils du coach :

• Il est indispensable de contracter en permanence le fessier en réalisant les battements, afin de renforcer l'action de la technique.
• Élevez la jambe le plus haut possible. Il n'y a pas de risque de cambrure car la jambe d'appui est fléchie.

Répétitions :

Faites 2 séries de 30 battements de chaque jambe. Décontractez-vous une dizaine de secondes entre les séries.

Respiration :

Inspirez par le nez et expirez par la bouche le plus lentement possible.

Rythme :

Travaillez à votre rythme.

muscle et ce dernier doit être bien visible. Ce sont deux facteurs majeurs de cette discipline. La course à la performance existe aussi pour certains culturistes, mais elle est complètement liée aux deux caractéristiques précitées.

Il faut bien noter que le culturisme est une activité de compétition, alors que la musculation ne l'est pas.

Afin de changer un peu :

• Variante 1 :
Alternez 4 battements sur un rythme lent avec 4 battements sur un rythme rapide.
Faites ainsi 2 séries de 20 battements de chaque jambe.

• Variante 2 :
Réalisez les battements en marquant un temps d'arrêt de 2 secondes dans la partie haute du mouvement en contractant encore plus le fessier correspondant.
Faites ainsi 2 séries de 10 battements de chaque jambe.

Rehausser le bas de la fesse

Consignes du coach :

• Dos plat.
• Avant-bras parallèles sur le sol.
• Paumes sur le sol.
• Tête baissée.
• Jambe en appui sur le sol.
• Pied souple.
• Cuisse perpendiculaire au sol.
• Pied en flexion.

Le point important :

• Efforcez-vous de réaliser des « huit » semblables les uns aux autres.

POUR S'AMUSER :
Une hémiplégie peut être due à :
A une lésion nerveuse due à une tension ou à un traumatisme
B une lésion de faisceaux de fibres nerveuses due à un accident vasculaire cérébral
C une lésion nerveuse due à une infection du système nerveux

Réponse : A, B, C

Exercice 2

« Huit » d'une jambe tendue à l'arrière

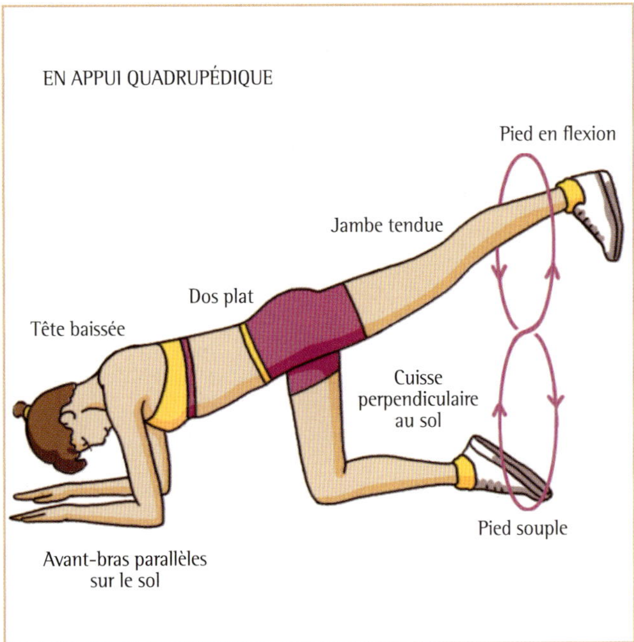

Les compléments d'un régime

Après consultation d'un médecin nutritionniste pour mincir, vous pouvez utiliser diverses méthodes complémentaires de façon à éviter tout stress, telles que :
- La relaxation : elle vous sera d'une aide précieuse. Vous pourrez la pratiquer chez vous, en groupe, ou en cours particulier à domicile.
- Les massages : il est souhaitable, si l'on est d'un caractère nerveux, pour calmer le stress occasionné par une diminution ou un changement de l'apport alimentaire, de se faire masser une fois par semaine (ou tous les quinze jours) chez un kinésithérapeute, dans un centre d'esthétique ou à domicile.

Rehausser le bas de la fesse

Description :

En position quadrupédique, élevez une jambe tendue à l'arrière. Réalisez des grands « huit » avec cette jambe.

Conseils du coach :

• Montez bien la jambe à l'arrière sans la fléchir, car si vous l'élevez insuffisamment, la région inférieure n'est plus sollicitée.
• N'oubliez pas, comme pour l'exercice précédent, de bien contracter les fessiers pendant toute la durée de l'exercice.
• Veillez à ne pas réduire l'amplitude de vos « huit » au fur et à mesure.
• Contractez bien en permanence vos muscles fessiers, afin d'intensifier l'effet de la technique.

Répétitions :

Faites 1 série de 15 « huit » dans un sens, puis une série de 15 « huit » dans l'autre de chaque jambe.
Décontractez-vous une dizaine de secondes entre les séries.

Respiration :

Inspirez par le nez et expirez par la bouche sur un rythme lent.

Rythme :

Travaillez sur un rythme lent.

- L'acupuncture : elle peut, elle aussi, être très utile dans le cas de périodes d'amincissement.
- La psychothérapie : elle révèle souvent les causes de la prise de poids.
- Les thérapies de groupe : elles peuvent correspondre à certains profils et donner de bons résultats si elles ne constituent pas une contrainte au départ.

Conclusion : à chacune sa méthode en complément d'un régime, mais parfois, il suffit d'un (e) ami(e) à qui parler pour arriver à un résultat.

Afin de changer un peu :

• Variante 1 :
Alternez 4 « huit » d'une jambe et 4 « huit » de l'autre jambe.
Faites 1 série de 20 répétitions alternées.

• Variante 2 :
Alternez un « huit » de grande amplitude avec un « huit » de petite amplitude.
Faites 1 série de 15 « huit » dans un sens, puis une série de 15 « huit » dans l'autre, de chaque jambe.

Rehausser le bas de la fesse

Consignes du coach :

- **Tête levée.**
- **Dos droit.**
- **Épaules étirées vers l'arrière.**
- **Jambe d'appui semi-fléchie.**
- **Pied parallèle à l'appui.**
- **Main sur la taille.**
- **Jambe d'action tendue.**
- **Pied en flexion.**

Le point important :

- **Monter la jambe d'action le plus haut possible sans la fléchir.**

POUR S'AMUSER :

La tachycardie désigne une accélération de la fréquence des battements après :

A 90 pulsations minute
B 100 pulsations minute
C 105 pulsations minute

Réponse : A

Exercice 3

Cercles de la jambe tendue

Les vertus du fucus

Le fucus est une algue de l'océan renfermant des oligoéléments tels que le cuivre, le chrome, le zinc, qui jouent un rôle auprès des cellules, ainsi que le fer, l'iode, le manganèse, le sélénium. Il contient de nombreuses vitamines telles que l'acide folique, la vitamine C, les vitamines B1, B2, B6, B12. Il a la réputation de stimuler les échanges cellulaires et de favoriser l'élimination des déchets. Il est intéressant diététiquement car il est pauvre en lipides et en calories et a une action coupe-faim en raison de ses mucilages non assimilables (qui gonflent dans l'estomac en présence de liquide). Quant aux fibres végétales qu'il renferme, elles facilitent le transit intestinal. Certains diététiciens le conseillent dans le cadre d'un régime amincissant en raison de l'intérêt que présentent ces éléments.

Rehausser le bas de la fesse

Description :

Debout, réalisez des cercles de la jambe arrière tendue le plus haut possible. La main du côté de la jambe tendue est en appui sur un meuble, l'autre est à la taille.

Conseils du coach :

- Faites des cercles d'assez grande amplitude.
- Ne fléchissez pas la jambe d'action, même un peu, afin de bien renforcer la région inférieure de la fesse.

Répétitions :

Faites 2 séries de 20 cercles de chaque jambe.
Décontractez-vous une dizaine de secondes entre les séries.

Respiration :

Inspirez par le nez et expirez par la bouche avec régularité. Vous ne devez constater aucune accélération de votre rythme respiratoire.

Rythme :

Travaillez avec régularité à votre rythme.

Surpoids et cancer

Il a été clairement établi, ces dernières années, que les risques de cancer étaient plus importants chez les femmes ayant un surpoids que chez les autres. Celles qui ont par exemple 17 ou 18 kilos de trop risquent deux fois plus en moyenne de développer un cancer utérin.
De même, il a été remarqué plus de cancers des ovaires chez les personnes ayant une alimentation trop riche en lipides.
Un plus grand nombre de cancers du côlon a également été observé chez les jeunes obèses.
Il est donc essentiel de veiller à ne pas prendre un ou deux kilos par an et de pratiquer régulièrement une activité sportive, ne serait-ce que quelques minutes par jour.

Afin de changer un peu :

• Variante 1 :
Réalisez la même technique. Alternez un cercle dans un sens et un cercle dans l'autre.
Faites ainsi 2 séries de 20 battements de chaque jambe.

• Variante 2 :
Réalisez la même technique en alternant 2 petits cercles avec 2 grands.
Faites ainsi 2 séries de 20 cercles de chaque jambe.

Tonifier et assouplir son corps en toute discrétion, n'importe où et n'importe quand

Vous n'avez même plus le temps de faire vos dix minutes de gym par jour tant vous êtes débordée ! Aussi, les exercices qui suivent vont vous permettre de vous remuscler sans perdre de temps. L'essentiel est de ne pas rester sans rien faire.

Ces méthodes sont connues pour être efficaces à condition de les faire régulièrement et suffisamment longtemps.

Il est conseillé de contracter les muscles avec progression (surtout si vous le faites dans une atmosphère froide).

Ces techniques ne présentent aucune contre-indication pour des personnes ne souffrant pas de traumatismes musculaires ou articulaires marqués.

À l'instar des exercices classiques, il importe de les répéter le plus souvent possible, afin d'obtenir un résultat.

IMPORTANT :

- Le nombre de répétitions indiqué par technique est le minimum.

Vive la marche !

Les bienfaits de cette activité physique ne sont plus à prouver. Toutefois, il ne faut pas la réaliser avec des charges, aussi légères soient-elles. Faites attention à avoir bon placement vertébral (ne pas être voûtée) et des chaussures aux amortis satisfaisants.

Le saviez-vous ?

- Si on marche à 7 km/heure pendant 1 heure, on consomme autant de calories que lors d'un cours de culture physique traditionnelle.

- Marcher pieds nus est excellent et renforce tous les muscles et les articulations des pieds.

- La hauteur des talons des chaussures de marche est d'environ 2,5 cm. À éviter absolument : les talons aiguilles qui obligent la partie antérieure de la voûte plantaire à subir une pression élevée à chaque avancée.

- Si on marche 3 km en une demi-heure, on élimine autant de calories qu'en courant 3 km en 17 minutes.

- Si on marche 3 km par jour, on peut perdre 1 kg par mois (si on ne mange pas trop de gâteaux…).

- Si on marche sur un terrain accidenté, on augmente la dépense calorique de 45 %, alors que sur du sable, par exemple, elle n'augmente que de 30 %.

Conclusion : pensez à limiter vos déplacements en voiture !

3 techniques pour tonifier et assouplir le haut du dos

Ces techniques peuvent être réalisées sans être remarquées:
- dans les transports en commun,
- en voiture,
- en téléphonant,
- devant l'ordinateur,
- en regardant la télévision...

Technique 1 (à réaliser chez soi)

Faire 4 étirements du dos vers le haut et 4 étirements arrière des épaules simultanément pendant 6 secondes.

Conseils:

• Tête levée, étirée vers le haut.

• Dos droit.

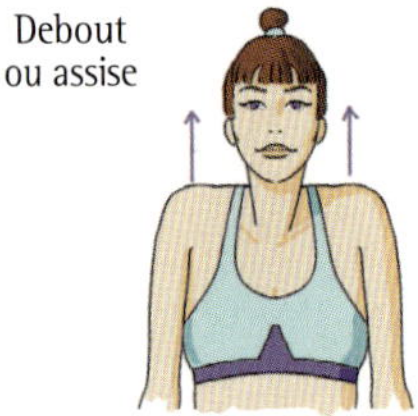

Technique 2

Hausser 4 fois les épaules pendant 10 secondes.

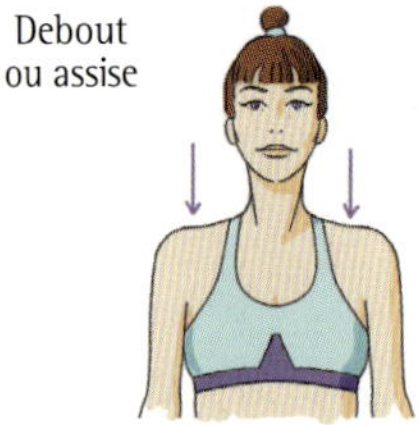

Technique 3

Baisser 4 fois les épaules au maximum tout en les contractant pendant 8 secondes.

Quelques sports qui tonifient le haut du dos:
- l'escalade,
- l'aviron,
- la culture physique,
- les danses classiques et le jazz,
- les sports de combat au sens large.

3 techniques pour tonifier et assouplir le bas du dos

À réaliser:
- dans le métro,
- dans une file d'attente,
- en cuisinant,
- dans une salle d'attente.

Debout
ou assise

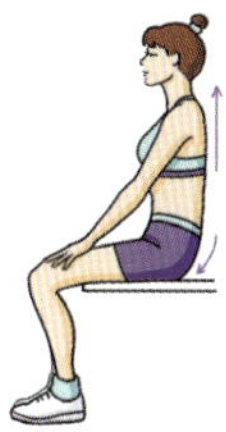

Technique 1

Faire 4 arrondis du bas du dos tout en étirant le dos vers le haut.

Debout
ou assise

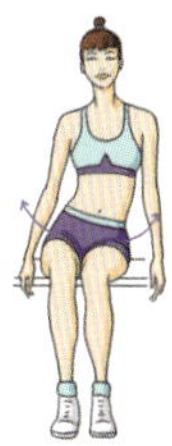

Technique 2

Faire 4 déplacements de droite à gauche du bassin tout en ayant le bas du dos légèrement arrondi.

Debout
ou assise

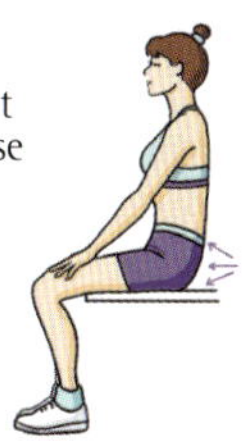

Technique 3

Faire 4 contractions des muscles du bas du dos arrondi pendant 8 secondes.

Quelques sports qui renforcent le bas du dos:
- la gymnastique au sol,
- la culture physique,
- les sports de combat en général,
- la danse.

3 techniques pour tonifier le ventre

À pratiquer:
- devant la télévision,
- au bureau,
- en téléphonant,
- en voiture, dans les embouteillages.

N'oubliez pas de bien vous décontracter au moins pendant 10 secondes entre chaque technique si vous décidez de les faire toutes les trois à la suite.

Debout ou assise

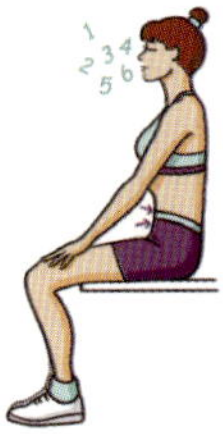

Technique 1

Faire 6 contractions abdominales de 6 secondes chacune.

Debout ou assise

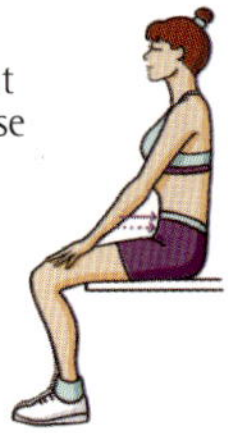

Technique 2

Alterner 4 contractions abdominales le plus rapidement possible, puis 4 contractions maintenues 6 secondes chacune.

Debout ou assise

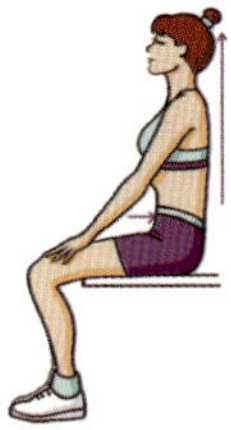

Technique 3

Alterner 2 étirements vertébraux maintenus 6 secondes chacun et 2 contractions abdominales maintenues 6 secondes chacune.

Les sports qui tonifient le ventre:
- la danse classique,
- la barre au sol,
- l'athlétisme, la gymnastique au sol,
- les sports de combat au sens large,
- le fitness en règle générale,
- la natation...

3 techniques pour raffermir les fessiers

À pratiquer:
- devant l'ordinateur,
- en se restaurant,
- dans les transports en commun,
- pendant une réunion.

N'oubliez pas de bien vous décontracter au moins pendant 10 secondes entre chaque technique si vous décidez de les faire toutes les trois à la suite.

Debout ou assise

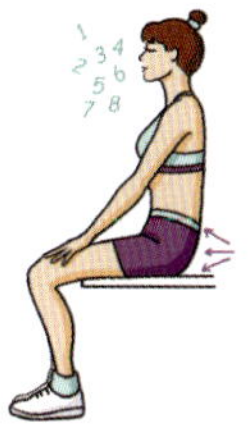

Technique 1

Faire 6 contractions des fessiers maintenues chacune 8 secondes et se reposer 3 secondes entre elles.

Debout ou assise

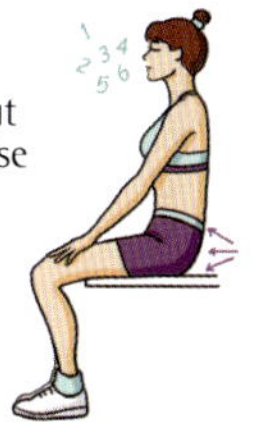

Technique 2

Alterner 6 contractions rapides des fessiers avec 6 contractions lentes maintenues 6 secondes chacune.

Debout ou assise

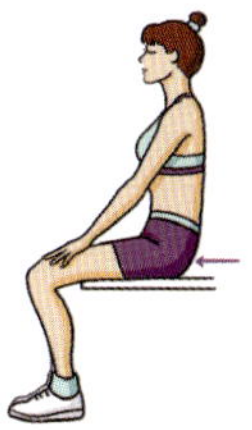

Technique 3

Faire 5 contractions des fessiers le plus longues possible et se reposer 5 secondes entre chaque.

Les sports qui raffermissent le plus les fessiers:
- le vélo,
- la gymnastique au sol,
- l'alpinisme,
- l'escalade,
- le patin à glace,
- le skate-board,
- le jogging et la marche,
- l'acrobatie,
- la danse classique,
- le ski,
- la planche à voile,
- le fitness en règle générale.

3 techniques pour se déstresser

À pratiquer n'importe où, et de préférence avec les yeux fermés en position allongée.

N'oubliez pas de bien vous décontracter au moins pendant 10 secondes entre chaque technique si vous décidez de les faire toutes les trois à la suite.

Debout, assise ou allongée

Technique 1

Inspirez par le nez très lentement en gonflant la cage thoracique et expirez par la bouche en creusant le ventre encore plus lentement.
À faire au moins 4 fois.

Debout, assise ou allongée

Technique 2

Inspirez par le nez le plus lentement possible en gonflant la cage thoracique et expirez par la bouche en contractant le ventre encore plus lentement.
À faire au moins 3 fois.

Debout ou assise

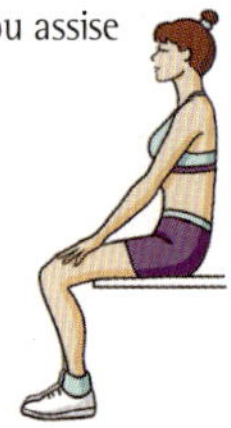

Technique 3

Inspirez par le nez en gonflant la cage thoracique et expirez par la bouche en contractant progressivement l'ensemble des muscles du buste et du ventre.

Les sports ou activités qui détendent le plus :
- la relaxation,
- le yoga,
- le stretching,
- la sophrologie,
- les massages.

Bien choisir son coach

Difficile de trouver un bon coach ? Pas tant que cela ! Il suffit simplement d'avoir les bonnes informations.

Voici les bons conseils, les bonnes questions… et quelques noms de coachs qui sont parmi les plus compétents de la région parisienne ! Ils sont connus pour leur sérieux et les résultats qu'ils obtiennent. Chaque professionnel a sa méthode et aucune n'est meilleure que les autres. Elles sont simplement différentes en fonction de la formation et de la personnalité de chacun d'eux. C'est à chacun de trouver le coach qui lui convient vraiment, si l'on décide d'avoir un suivi personnalisé à domicile.

PROFIL DU COACH PARFAIT :

1. Compétent.
2. Attentionné.
3. Ponctuel.
4. Se fait remplacer en cas d'absence.
5 A une bonne présentation.
6. S'exprime avec clarté.
7. Souriant et aimable.

Bien choisir son coach en 12 points

1. Travaillez plutôt avec un professeur qu'une relation vous a renseigné.

2. Exigez qu'il soit diplômé d'État et titulaire de la carte professionnelle (obligatoire) du ministère de la Jeunesse et des Sports.

3. Déterminez avec précision ce que vous voulez avant votre première séance.

4. Préférez un coach pas trop connu, expérimenté et sérieux, à un « coach-vedette » qui arrivera régulièrement en retard, toujours trop occupé (la notoriété n'étant pas toujours le garant de la qualité...).

5. N'ayez pas d'a priori sur le sexe du coach... Les aptitudes physiques peuvent surprendre.

6. N'hésitez pas à poser le maximum de questions à votre futur entraîneur pour qu'il réponde bien à ce que vous attendez de lui.

7. La ponctualité faisant partie du professionnalisme du parfait coach, ne soyez pas laxiste à ce sujet, sinon vous risquez à la longue de vous lasser d'attendre.

8. Les spécialités les plus courantes des coachs sont les suivantes :
- entretien physique général par la culture physique,
- prévention des maux de dos et renforcement musculaire dorsal,
- cours spéciaux abdo-fessiers,
- cours spécifiques pour adolescents,
- stretching,
- relaxation,
- cours pré- et postaccouchement,
- préparation physique à un sport spécifique : marathon, tennis, ski, etc.
- danses classiques et jazz,
- cours gym-massage (comprenant une demi-heure de culture physique et une demi-heure de massage, en général pour le dos et les jambes),
- amincissement (réalisation d'exercices cardio-pulmonaires adaptés pouvant inclure le footing, par exemple),
- remise en condition physique,
- cours spécifiques 3e et 4e âge.

Tous ces cours s'effectuent avec ou sans un petit matériel (lests, barres lestées, petits poids, élastiques, tapis, trampoline, etc.) qui est à la charge du client (en général commandé par catalogue et livré à domicile). Il ne représente pas un gros investissement (40 euros en moyenne).

9. Si vous n'avez pas un bon « feeling » dès la première séance avec votre coach, n'hésitez pas à en changer car il doit savoir :
- vous écouter,
- rectifier vos positions si nécessaire,
- s'exprimer clairement,
- avoir un cours structuré,
- vous proposer des séances différentes à chaque fois (il existe environ 3 000 exercices basiques en culture physique),
- et surtout vous faire travailler efficacement.

Il n'est pas là pour discuter sans rien faire.

10. Évitez les « boîtes à coach » qui n'envoient pas toujours des professeurs expérimentés et diplômés (malgré leurs publicités) et qui proposent des professeurs différents à chaque fois.

11. Votre coach doit absolument arriver à ce que vous progressiez au bout de trois mois (même à raison d'une séance par semaine).

12. N'hésitez pas à téléphoner au ministère de la Jeunesse et des Sports si vous avez un doute sur les diplômes de votre coach.

Vos questions

• **Combien coûte une séance d'une heure?** Entre 50 et 60 euros! Le prix peut augmenter si le lieu du cours est à plus d'une heure de transport du domicile du coach. Les jours fériés et les week-ends sont en général un peu plus onéreux.

• **Doit-on présenter un certificat médical au coach?** Oui! Il est indispensable de montrer qu'on est en bonne santé.

• **Quelle est la durée minimale d'une séance?** Une demi-heure, mais c'est assez rare qu'un coach se déplace pour si peu de temps (sauf s'il habite à côté).

• **Les coachs peuvent-ils prendre une personne en charge pendant plusieurs jours?** Oui! Ce système se développe de plus en plus. Il concerne essentiellement la préparation à une compétition ou à un entraînement spécifique d'amincissement. La durée varie de deux jours à un mois et est en général suivie d'une période d'entretien de deux à trois séances d'une heure par semaine.

• **Combien de séances faut-il faire pour avoir un résultat probant?** Cela dépend bien sûr des individus, mais on conseille par exemple une séance d'une heure par semaine pendant deux mois pour une personne qui n'a jamais fait de sport, puis deux séances pendant six mois, puis trois pendant trois mois, afin d'obtenir une réelle satisfaction.

• **Comment obtenir un résultat visible par exemple au niveau des fessiers quand on n'a pas les moyens de s'offrir les services d'un coach?** La solution: se regrouper à plusieurs amies (4 ou 6) et organiser un cours semi-collectif! Chaque cours vous coûtera environ 6 euros par personne. C'est moins cher que de s'inscrire dans n'importe quel centre de remise en forme et l'enseignement est de meilleure qualité en raison des corrections permanentes. Notez que certains coachs majorent leurs tarifs à partir de trois personnes.

• **Peut-on choisir le lieu du cours?** Bien sûr! Vous n'êtes pas obligée de suivre le cours chez vous. Vous pouvez aller chez une amie, dans une salle de gym, etc. en accord avec votre entraîneur, en sachant que ce n'est pas à lui qu'il revient de payer la location de salle. Vous pouvez cependant, pour un prix modique, louer un local à la paroisse de votre quartier ou à une association de votre ville ou de votre arrondissement.

• **N'est-il pas préférable de demander à un kinésithérapeute, plutôt qu'à un professeur de gymnastique, de faire les cours?** Non, car ce sont deux métiers totalement différents. Le kinésithérapeute s'occupe des personnes ayant des problèmes physiques et le professeur de gymnastique ou le préparateur sportif de celles en bonne santé ou présentant des traumatismes mineurs classiques, tels que lordose ou cyphose, scoliose, petits manques d'amplitude articulaire, atonie musculaire, etc. (après avis médical). Le kinésithérapeute ne va pas passer une heure à vous faire un cours de culture physique à domicile, ce sont en général ses clients qui se déplacent et chaque séance n'excède pas 20 minutes

• **Quels sont les horaires classiques d'un coach?** Cela dépend de l'organisation de la personne, mais les horaires sont de 8 h à 21 h en règle générale, y compris le week-end. Les derniers cours se terminent ainsi à 22 h pour les personnes ayant des impératifs professionnels.

Un coach « sur mesure »

Son point fort :

Ses connaissances à la fois de l'anatomie et des dernières méthodes pratiquées dans son métier.

Son originalité :

Elle fait essentiellement travailler avec le propre poids du corps. Chaque technique doit être réalisée avec concentration afin de ne commettre aucune erreur de placement. Elle répond vraiment au besoin du moment car elle est très à l'écoute de la personne qu'elle encadre.

Son conseil :

Commencer à s'entraîner en douceur et quand on en a vraiment envie semble le meilleur moyen d'arriver au résultat désiré et de perdurer dans sa démarche.

Sylvie ALONSO

Impossible de résister au charme de Sylvie, qui demeure dans le 2e arrondissement de Paris, car elle sourit tout le temps. Ses cours sont vraiment un moment de bonheur et le fruit d'un professionnalisme dû à l'expérience de plusieurs années.

Avec elle, aucune séance de gymnastique n'est une corvée.

Elle est titulaire du BEGDA, possède une maîtrise de psychologie et est trilingue (anglais, espagnol, français), ce qui lui permet d'avoir une clientèle de diverses nationalités et d'être reconnue comme un des meilleurs coachs sur la place de Paris.

Lieux d'activité :

Elle enseigne uniquement à Paris la semaine, mais accepte les déplacements (même éloignés) pour des stages le week-end.

Disponibilité :

De 9 h à 20 h la semaine et de 13 h à 21 h le samedi.

Spécialités :

Essentiellement remise en forme générale à partir de sa propre méthode basée sur des exercices d'étirement.

Clientèle :

Sylvie se déplace à domicile pour une ou deux personnes et aussi bien pour des adolescents que pour des adultes.

En résumé :

La renommée de Sylvie due à ses nombreuses compétences est bien établie : son succès est réellement mérité !

Un coach souriant et très compétent

Jocelyne CARILLO

Jocelyne, qui réside à Courbevoie en banlieue parisienne, allie à la fois bonne humeur et grande faculté d'attention pour prodiguer ses cours. Elle met tout de suite à l'aise et apporte une réelle détente psychologique en plus de ses compétences techniques.

À la fin d'une séance avec elle, on se sent à la fois plus tonique et plus décontractée. Bref: le résultat est immédiat.

Elle est diplômée d'État et possède le brevet des Métiers de la forme.

Lieux d'activité:

Elle exerce à Puteaux, à Courbevoie, dans tout Paris, en banlieue Ouest et à La Défense.

Disponibilité:

Elle travaille en semaine de 8 h 30 à 20 h.

Spécialités:

- L'entretien physique traditionnel et ses dérivés: abdo-fessiers, restructuration du ventre, atonie dorsale, etc.
- Le stretching est également un de ses atouts.

Elle enseigne également l'aquagym.

Clientèle:

Elle professe auprès d'une clientèle très diversifiée, de tous âges ou nationalités. Elle donne des cours privés et des cours semi-collectifs.

En résumé:

Jocelyne est actuellement une des enseignantes sportives les plus cotées.

Son point fort:

Sa précision technique prodiguée dans la bonne humeur.

Son originalité:

Elle s'est spécialisée dans la méthode de placement et de décontraction du corps appelée « feldenkrais ». Elle peut ainsi rectifier les positions du bassin et faire ressentir certaines sensations corporelles aussi bien aux danseurs professionnels qu'aux personnes âgées. Peu de coachs utilisent cette méthode très intéressante.

Son conseil:

Être en permanence à l'écoute de son corps est primordial afin d'éviter de nombreuses erreurs dans le cadre de son entraînement quotidien.

Un coach super « pro »

Son point fort :

Son honnêteté est sans faille : Éric est vraiment un coach désintéressé, uniquement préoccupé par la satisfaction des personnes qu'il suit.

Son originalité :

Sa façon très personnelle d'exercer muscles et articulations en tonicité et en souplesse afin d'obtenir du volume musculaire et aussi de diminuer la masse graisseuse.

Son conseil :

Le sport dans la bonne humeur est une association performante pour progresser sans que l'effort devienne stressant. Aussi, mettez-vous en condition avant d'empoigner petits poids ou élastiques !

Éric RAUX

Éric demeure dans le 12e arrondissement et fait partie des coachs qui mettent en pratique les préceptes qu'ils conseillent. Il s'entraîne journellement en plus des cours qu'il dispense. C'est vraiment un homme de terrain.

Il est titulaire du BEACPC et est toujours soucieux d'améliorer dans la douceur et l'efficacité les performances de ses clients.

Il est aussi à l'aise dans les cours particuliers que dans les cours collectifs ou semi-collectifs.

Lieux d'activité :

Il se déplace dans les 12e, 13e, 3e et 2e arrondissements.

Disponibilité :

Matinées, après-midi et soirées, de 8 h à 20 h.

Spécialités :

La musculation, le stretching, les cours d'abdo-fessiers, les cours spéciaux pour le dos, les cours de culture physique traditionnelle, la préparation physique à une spécificité, la relaxation.

Clientèle :

Il encadre les adultes de tous âges, mais n'entraîne pas les enfants.

En résumé :

Si vous recherchez un coach d'expérience au corps d'athlète et au top des techniques d'entraînement, Éric est le professeur qui répond à votre demande.

L'ultraprofessionnel novateur

Jean-Pierre Nucci

Jean-Pierre demeure dans le 7ᵉ arrondissement et il est vraiment au top de toutes les nouveautés qui touchent à la santé et à la forme. On le voit à la télévision.

Il possède le BEACPC, ainsi que le BEESAN, car il enseigne également la natation.

Sa popularité n'a entamé ni sa courtoisie ni sa gentillesse. Les compliments de sa clientèle à son égard sont légion.

Lieu d'activité :

Paris.

Disponibilité :

De 7 h à 20 h en semaine et le samedi de 9 h à 13 h.

Spécialités :

Gestion du stress, cours anti-fatigue, cours nutritionnels en diététique et hygiène de vie, cours d'abdo-fessiers et de remise en forme, préparation physique à tous les sports, culture physique traditionnelle, stretching, gymnastique aquatique.

Clientèle :

Hommes et femmes.

En résumé :

Étant donné que Jean-Pierre forme des professionnels, on peut dire qu'il fait partie de l'élite de sa profession.

Son point fort :

Sa grande connaissance du corps et des altérations de la santé qui lui sont attenantes.

Son originalité :

Ses conférences sur l'épanouissement de la personnalité, le stress, la fatigue, qui apportent de réelles solutions aux problèmes physiques les plus courants.

Son conseil :

Impossible de dissocier le mental du physique, d'où l'impératif de réaliser une activité physique qui tient compte des paramètres psychologiques.

Un coach superattentionné

Son point fort :

Il est très (mais alors très) à l'écoute de sa clientèle et prodigue de nombreux conseils d'hygiène de vie.

Son originalité :

Il donne également des cours particuliers de gymnastique aquatique et fait des massages du dos relaxants et toniques à la fois (à essayer absolument !).

Son conseil :

La persévérance alliée à un encadrement compétent permet vraiment de réaliser l'objectif fixé. Il est également important de choisir la bonne méthode, d'où l'intérêt des programmes suivis personnalisés.

Dominique BOIDARD

Dominique habite Paris Ouest et il n'est pas loin d'être le coach idéal.

Son expérience et son sérieux font de lui un des coachs les plus demandés de Paris et de la région parisienne. Il possède le BEACPC pour l'enseignement de la culture physique et de ses dérivés et le BEESAN pour celui de la natation.

Lieux d'activité :

Il se déplace dans Paris Ouest et reçoit également à domicile.

Disponibilité :

Du lundi au vendredi, de 8 h à 20 h 30, ainsi que le samedi matin.
Il encadre également pendant tout un week-end à Paris ou en province.

Spécialités :

Préparations spécifiques (course à pied, tennis, golf, etc.), stretching et diverses méthodes de renforcement musculaire, culture physique traditionnelle, cours d'abdo-fessiers, cours de tonicité dorsale, gymnastique aquatique.

Clientèle :

Dominique entraîne aussi bien des personnes désirant se remettre à une activité physique que des sportifs préparant des compétitions. Ainsi, il encadre aussi bien les adolescents que les adultes ou les personnes âgées.

En résumé :

Si vous aimez être chouchoutée avec élégance et compétence : Dominique est l'homme de circonstance !

Un athlète pédagogue

Jacques MARCILLOUX

Jacques demeure à Courbevoie et est très connu dans tout son département pour sa méthode de travail.

Il possède le BEACPC, mais a également une maîtrise EPS, une maîtrise de maître d'armes et est diplômé comme praticien de massage de type japonais.

En résumé, cet ex-athlète de haut niveau en escrime est un enseignant on ne peut plus sérieux.

Il enseigne une gymnastique très personnalisée de trois quarts d'heure qui se termine le plus souvent par un quart d'heure de massage. Pour ce type de cours, il peut également s'occuper de deux personnes (1/2 heure de culture physique et 1/4 d'heure de massage pour chaque personne). Il ne s'occupe pas de plus de quatre personnes pour un cours de culture physique d'une heure. (Les cours gym/massage sont plus onéreux que des cours classiques.)

Lieux d'activité :

Courbevoie, Neuilly, le 7e et le 16e arrondissement.

Disponibilité :

Il dispense des cours particuliers le matin et en soirée jusqu'à 20 h.

Spécialités :

L'entretien corporel classique (gymnastique traditionnelle, cours d'abdo-fessiers, cours spéciaux dos, stretching, musculation, etc.), la préparation à tous sports de loisir ou de compétition, la relaxation et, bien sûr, l'escrime.

En résumé :

Si vous désirez être coachée par un athlète pédagogue, Jacques ne peut que vous convenir.

Son point fort :

La faculté d'adaptation de son cours ou de son massage au client. Il sait vraiment répondre aux besoins !

Son originalité :

Il exerce ses compétences en fitness auprès de tous types de personnes, sauf les enfants.

Son conseil :

Le massage est vraiment l'élément qui clôt au mieux une séance d'activité sportive ; aussi, si vous en avez l'opportunité, ne vous en privez pas !

Superdiplômée et supersympa

Son point fort :

De grandes connaissances pédagogiques prodiguées avec sérénité, n'excluant pas l'efficacité.

Son originalité :

Une de ses spécialités est la préparation physique aux trekkings, expéditions et raids en haute montagne. Elle peut sans problème vous entraîner et vous accompagner à l'assaut des plus hauts sommets.

Son conseil :

Exercez-vous le plus possible en améliorant votre rythme cardio-pulmonaire, votre amplitude articulaire et votre tonicité musculaire. Il est indispensable d'essayer d'avoir un entraînement le plus complet possible.

Malika KHENAFOU

Malika, qui réside à Nanterre, incarne vraiment l'athlète professionnelle par excellence. C'est un des coachs les plus diplômés de la région parisienne car elle possède le BEACPC, ainsi que le BEEGDA, le BEMF, un diplôme universitaire promotion santé, activité physique et sportive, et un diplôme universitaire de biologie d'entraînement sportif. Malika est vraiment aussi cérébrale que sportive, d'où une compétence à toute épreuve !

Cette formation lui permet d'entraîner sans aucun risque aussi bien des personnes n'ayant jamais fait de sport que des athlètes de haut niveau. Elle donne des cours collectifs, semi-collectifs et individuels à domicile, avec petits matériels de culture physique (lests, bâtons, élastiques, etc.).

Lieu d'activité :

Île-de-France.

Disponibilité :

- En semaine : de 9 h 30 à 11 h et de 19 h à 21 h.
- Week-end :

- uniquement pour des stages,
- et le samedi de 10 h à 15 h.

Spécialités :

Culture physique traditionnelle, cours d'abdo-fessiers, cours pré- et postaccouchement, préparation au ski, programmes d'entraînement athlétisme, marathons, semi-marathons, stretching, relaxation.

Clientèle :

Enfants au-dessus de 18 mois, adolescents et adultes.

En résumé :

Cette « pro » de la forme a le don de faire aller chacun au-delà de ses possibilités, avec plaisir et douceur.

Un coach dynamique et innovant

Christophe PIERRET

Christophe est un coach très en vogue actuellement qui n'hésite pas à se lever très tôt le matin pour satisfaire sa clientèle.

Il est titulaire du BEACPC et est connu pour sa ponctualité et sa grande faculté d'adaptation.

Lieux d'activité :

Paris et banlieue, et week-end en province ou à l'étranger.

Disponibilité :

Du lundi au samedi : de 7 h 30 à 21 h.

Spécialités :

Sa forme, due entre autres à sa jeunesse, lui permet de répondre positivement à n'importe quelle préparation nécessitant une forme physique en conséquence (tel aérobic, course de vitesse, step, LIA, etc.) sous forme de cours individuel ou avec 4 personnes maximum.

Il s'est spécialisé dans la préparation des semi-marathons, mais il entraîne de nombreux sportifs dans d'autres domaines, afin d'optimiser leurs performances.

Clientèle :

Christophe encadre aussi bien les adolescents à partir de 15 ans, les sportifs confirmés que les personnes qui se remettent au sport. Il a également une clientèle de seniors.

En résumé :

Si vous aimez la variété dans les techniques : Christophe ne peut que vous plaire !

Son point fort :

Ses connaissances techniques associées à sa condition physique qui lui permettent de participer, si besoin est, à l'effort physique avec sa clientèle.

Son originalité :

À partir de la demande de ses clients, il crée un mélange personnalisé passant aussi bien par la gymnastique douce, le stretching, que la gym tonique ou un travail spécifiquement cardio-pulmonaire.

Son conseil :

Impossible de bien s'entraîner sans plan d'entraînement. N'hésitez pas à demander à passer des tests d'aptitude à l'effort physique afin d'établir un programme personnalisé vraiment adapté à vos goûts, vos envies, vos possibilités et qui tiendra compte de vos éventuelles particularités telles que lordose, scoliose…

Un coach qui allie douceur et fermeté

Son point fort :

Son souci permanent de ne laisser aucune erreur dans la réalisation des techniques.

Son originalité :

Son dialogue permanent avec les personnes qu'elle entraîne ! Cela permet de créer un excellent climat relationnel où la bonne humeur est toujours présente et de donner le maximum de précisions quant aux techniques travaillées.

Son conseil :

Dialoguer pour apprendre à se connaître et travailler pour se tester et s'améliorer semblent le duo gagnant de tous les adeptes de séances de gymnastique. En effet, parler avec son coach de ses sensations, et même de ses appréhensions, permet vraiment de se sentir bien tout simplement.

Florence ZWEGUINTZOW

Résidant à Boulogne, Florence séduit tout le monde dès qu'elle donne un cours car sa patience, son sourire et son expérience professionnelle la placent au hit-parade des coachs.

Elle possède le BEACPC et est à la pointe des méthodes pédagogiques d'enseignement.

Sa passion pour son métier transparaît en permanence tout au long de ses cours et l'effort physique paraît ainsi moindre. Elle a mis au point sa propre méthode de travail qui connaît beaucoup de succès en raison des résultats qu'elle donne. Elle fait également des préparations physiques à la demande, sous forme de stages individuels ou semi-collectifs pour optimiser les effets obtenus.

Lieux d'activité :

Florence se déplace à Boulogne, à Neuilly, dans les 8e, 15e et 16e arrondissements et même à Meudon.

Disponibilité :

Les matinées et soirées, ainsi que le samedi.

Spécialités :

La culture physique traditionnelle, les cours d'abdo-fessiers, les cours spéciaux pour le dos, le stretching, la relaxation.

Clientèle :

Florence encadre les adultes de tous âges, ainsi que les adolescents.

En résumé :

Florence est une personne qui sait écouter et trouver très rapidement des solutions aux problèmes corporels les plus complexes.

« L'aventurier sportif »

Philippe POINSOT

Demeurant dans le 18e arrondissement de Paris, Philippe est un coach dont le moins qu'on puisse dire est qu'il va de l'avant.

Il possède le BEACPC et donne des cours particuliers aussi bien à l'intérieur du club prestigieux où il exerce qu'à domicile.

Étant donné sa formation en sophrologie, il peut inclure à la demande des techniques relaxantes personnalisées dans ses cours. Il a exercé la sophrologie en milieu hospitalier.

Lieu d'activité :

Paris.

Disponibilité :

De 8 h à 20 h en semaine.

Spécialités :

- Culture physique traditionnelle, cours d'abdo-fessiers, cours spéciaux pour le dos, stretching, relaxation, préparation physique à tous les sports.
- Sophrologie, musculation : il peut utiliser, s'il le juge utile, du petit matériel de culture physique.

Clientèle :

Tous sexes, toutes nationalités, tous âges (enfin presque…).

En résumé :

Si vous voulez vivre des moments intenses en dehors des cours qu'il donne, Philippe vous accompagnera dans tous vos périples !

Son point fort :

La diversité de solutions qu'il trouve à chaque problème. Le tout est expliqué avec clarté, calme et sourire.

Son originalité :

Philippe est spécialiste du « sport aventure », des périples à la voile, des aventures sous-marines. Il organise des expéditions aussi bien au pôle Nord qu'au fin fond de l'Afrique. Il est vraiment passionné et c'est un plaisir que de l'écouter… tout en s'exerçant bien sûr.

Son conseil :

Se décontracter par l'humour est indissociable d'un entraînement car cela évite la crispation et surtout la mauvaise humeur, ceci n'excluant pas l'effort…

Conclusion

Certes, l'idéal est de faire venir à domicile 3 fois par semaine un supercoach, mais si vous ne pouvez le faire qu'occasionnellement ou pas du tout, ce petit guide peut vous être très utile pour vous entraîner avec sérieux où et quand vous le désirez.
Il peut également être l'outil complémentaire à des cours collectifs et vous permettre ainsi de vous exercer tous les jours si vous n'avez pas le temps de vous rendre chaque jour dans un centre de remise en forme.
Une autre solution peut aussi consister à faire venir un coach à domicile une fois par mois, à se faire bien corriger durant cette séance, à poser des questions et à montrer la réalisation du programme journalier que l'on fait seule.
N'oubliez pas qu'il vaut mieux s'entraîner 8 ou 10 minutes chaque jour qu'une heure tous les quinze jours, mais qu'il ne faut pas le faire sans indications. Ce guide veut vous donner la sensation qu'un coach est près de vous afin de ne laisser aucune place à l'erreur!

8 minutes par jour, c'est un réel investissement pour l'avenir de votre santé et pour la forme au présent!

Édition : Françoise Colinet.
Illustrations : Delétraz.

Achevé d'imprimer en Italie par Rotolito Lombarda
Dépôt légal : 49642 - Août 2004
ISBN : 2501040929
40.0621.9/01